Knut Linke

Wie KI unsere Welt verändert: Experten beantworten eure Fragen

Wie KI unsere Welt verändert: Experten beantworten eure Fragen

Prof. Dr. Knut

Ein Handbuch für Entdeckerinnen und Entdecker

Bibliografische Information der Deutschen Nationalbibliothek:
Die Deutsche Nationalbibliothek verzeichnet diese Publikation in der Deutschen Nationalbibliografie; detaillierte bibliografische Daten sind im Internet über http://dnb.dnb.de abrufbar.

Lektorat & Korrektorat: Meine Frau und ChatGPT
(wobei meine Frau es im Zweifel besser als jede KI weiß 😊😘)
Layout: Philipp Paulsen, phlip.site
Inhaltliche Unterstützung: Isabella Schramm und Dr. Miloš Jovanović
Verlag: BoD · Books on Demand GmbH, In de Tarpen 42, 22848 Norderstedt
Druck: Libri Plureos GmbH, Friedensallee 273, 22763 Hamburg
ISBN: 978-3-7583-6312-2

Diese Publikation wurde durch das Preisgeld des Projekts *I'm a Scientist* unterstützt. Die deutschsprachige Plattform *I'm a Scientist, Get me out of here* wird von Wissenschaft im Dialog umgesetzt und seit 2022 durch die Förderung der VolkswagenStiftung in Kooperation mit dem Projektpartner RHET AI Center ermöglicht.

Wie KI unsere Welt verändert

Willkommen in der aufregenden Welt der Künstlichen Intelligenz!

Wir sind Knut und Isi, und wir freuen uns, euch auf eine spannende Reise mitzunehmen. Knut ist Professor für Informatik an der IU Internationalen Hochschule und liebt es, komplexe Themen einfach und verständlich zu erklären. Er hat in der Vergangenheit schon an vielen spannenden Wissenschaftsprojekten teilgenommen und wurde mehrfach von Schülerinnen und Schülern bei Veranstaltungen von *I'm a Scientist – Get me out of here!* zum Besten Wissenschaftler gewählt! Isabella (Isi) ist unsere rasende Reporterin, die immer auf der Suche nach interessanten und passenden Interviews ist. Sie mag Konzerte und Musik, hat einen eigenen kleinen Podcast, schreibt gerne Liedtexte und Gedichte, arbeitet an Ihrem ersten eigenen Buch und konzentriert sich auf die Oberstufe.

Aber nun genügend zu uns – Ihr fragt euch bestimmt, woher die Fragen in diesem Buch stammen?

Die Fragen in diesem Buch stammen direkt von Schülerinnen und Schülern wie euch. Knut hat an verschiedenen Themenrunden von *I'm a Scientist – Get me out of here!* teilgenommen, bei denen Jugendliche ihre neugierigen und manchmal kniffligen Fragen zur KI gestellt haben.

Wir glauben, dass eure Fragen die besten sind, weil sie genau das widerspiegeln, was euch wirklich interessiert.

Unser Buch ist wie ein Gespräch aufgebaut: Knut beantwortet eure Fragen zu verschiedenen Themen rund um Künstliche Intelligenz, und Isi ergänzt die Kapitel mit spannenden Interviews von Expertinnen und Experten. So erhaltet ihr einen vielseitigen Einblick in die Welt der KI und könnt das Thema aus unterschiedlichen Perspektiven kennenlernen.

Die Fragen stammen von den Schülerinnen und Schülern Archie, Bjarne, Dominik, Ibo, Judith, Julia, Karl, Lisa, Male, Ploy und Sarah, die gemeinsam die Arbeitsgemeinschaft „Wie die Welt digitaler wird“ am Infinity-LevelUp-Gymnasium in Erfinderfels besuchen. Die AG wird von ihrem Lehrer Farshad betreut und begleitet.

Taucht ein und lasst uns gemeinsam die Geheimnisse der Künstlichen Intelligenz entdecken!

Euer Knut, Isi und alle anderen
Teilnehmerinnen und Teilnehmer dieses Buches

Was findest du wo?

Was ist Künstliche Intelligenz (KI)?

Bevor wir tief in die Welt der Künstlichen Intelligenz eintauchen, möchten wir zunächst klären, was KI ist. Dieses Kapitel gibt euch einen Überblick und bereitet euch auf die spannende Reise vor, die vor uns liegt. Lasst euch von diesem Kapitel nicht abschrecken. Es ist das einzige Kapitel, wo es auch etwas um Technik geht.

 **Ich fange dann mal an - Wofür steht KI?**

 KI steht für „Künstliche Intelligenz“. Im Englischen wird dafür der Begriff AI – „Artificial Intelligence“ – verwendet.

 **Und was ist Künstliche Intelligenz?**

 Im Allgemeinen sprechen wir heute von Künstlicher Intelligenz (KI), wenn Systeme für uns Probleme oder Aufgaben lösen.
Im akademischen Sinne ist KI ein Teilbereich der Informatik, der sich mit der Entwicklung von Systemen beschäftigt, die menschenähnliche Intelligenzleistungen erbringen.
Menschliche Intelligenz wird durch drei wesentliche Merkmale definiert:

1. **Lernen:** Das Erlangen von Informationen und die Fähigkeit, diese anzuwenden.

2. **Schlussfolgern:** Die Anwendung von Regeln auf Informationen, um zu logischen Schlussfolgerungen zu gelangen.

3. **Selbstkorrektur:** Die Fähigkeit, Fehler zu erkennen, falsche Annahmen zu überarbeiten und zu wissen, was neu gelernt oder anders angewendet werden muss.

Entwickler von KI-Systemen nutzen neben Kenntnissen aus der Informatik auch Wissen aus den Bereichen Mathematik, Statistik, Psychologie und Soziologie.

Welche Arten der Künstlichen Intelligenz gibt es eigentlich?

Eine gute Frage. Es gibt verschiedene Sichtweisen, um diese Frage zu beantworten.

KI-Systeme können grob in drei Kategorien eingeteilt werden:

- **Schwache KI (Narrow AI):** Eine KI, die auf eine bestimmte Aufgabe spezialisiert ist und diese lösen kann. Sie dient als Helfer für ein spezifisches Problem oder eine bestimmte Anwendung.
- **Starke KI (General AI oder Strong AI):** Eine KI, die verschiedene, komplexe Aufgaben lösen kann und nicht auf eine Spezialisierung beschränkt ist. Diese Form von KI verfügt über menschenähnliche Fähigkeiten und kann durch Interpretation und Anwendung von Wissen neue und unterschiedliche Aufgaben bewältigen.
- **Superintelligenz (Artificial Superintelligence):** Eine hypothetische Form von KI, die über eine Intelligenz verfügt, die weit über das menschliche Niveau hinausgeht, wie etwa Skynet aus *Terminator* 😉.

Neben dieser Unterscheidung, die KI nach ihrer Leistungsfähigkeit kategorisiert, gibt es auch eine technische Differenzierung. Für uns ist besonders die Unterscheidung zwischen generativer KI und KI auf Basis von maschinellem Lernen (ML) wichtig:

- **Generative KI:** Systeme, die neue Inhalte wie Texte, Bilder oder Videos erzeugen. Dazu gehören Programme wie ChatGPT, MidJourney oder Copilot.
- **Maschinelles Lernen und Deep Learning:** Systeme, die aus Daten lernen und mit tiefen neuronalen Netzen arbeiten, die unserem Gehirn ähneln.

Hinweis:
Beide Systeme können auch kombiniert eingesetzt werden!

Warum wurde die Künstliche Intelligenz überhaupt erfunden?

Grundsätzlich strebt der Mensch danach, sich Arbeit zu vereinfachen und Maschinen Aufgaben übernehmen zu lassen. Künstliche Intelligenz wurde auch aus diesem Grund entwickelt. Die ersten KI-Systeme, wie wir sie kennen, lösten Probleme wie Schachspielen, logische Rätsel, Sprachübersetzung und Mustererkennung. Zudem wurde KI entwickelt, um herauszufinden, ob und wie bestimmte Aufgaben von Maschinen ausgeführt werden können.

Seit wann gibt es denn KI?

Die Grundlagen für KI-Systeme wurden in den 1950er Jahren gelegt. In diesem Jahrzehnt wurde erstmals die Frage gestellt, ob Maschinen denken können und ab wann sie einem Menschen gleichgestellt sein könnten (Turing-Test). Auch der Begriff „Künstliche Intelligenz“ wurde in dieser Zeit geprägt, und die Grundlagen für den Aufbau von KI-Netzwerken wurden definiert.

Und wie funktioniert KI eigentlich?

Im Kern ist eine KI auch „nur“ ein normales Computerprogramm. Sie besteht aus Algorithmen bzw. Programmabläufen, die versuchen, Schritt für Schritt ein Problem zu lösen. Der Unterschied zu einem normalen Programm liegt darin, dass diese Algorithmen auf sehr viele Daten trainiert wurden. Bei diesem Training nutzen KI-Systeme Techniken wie maschinelles Lernen und neuronale Netze, um Muster in den Daten zu erkennen und Modelle zur Problemlösung zu entwickeln. An diesen Mustern und Modellen orientiert sich die KI, wenn sie Probleme löst und Vorhersagen trifft – sei es, um eine Frage zu beantworten oder in einer bestimmten Situation die richtige Entscheidung zu treffen.

Künstliche Intelligenz wird also unsere Lebensweise verändern?

Ja, KI hat theoretisch das Potenzial, unsere Lebensweise erheblich zu verändern, indem sie alltägliche Aufgaben automatisiert, personalisierte Dienstleistungen anbietet und die Art und Weise, wie wir arbeiten, lernen und kommunizieren, transformiert.
Wie bei jeder Technik muss sich zeigen, wie stark diese in unseren Alltag Einzug erhalten wird, wie wir Technik kontrollieren wollen und wo wir lieber weiterhin menschliche Interaktion bevorzugen werden.

Kann eine KI eigentlich komplett allein agieren?

Das ist eine sehr gute Frage. Grundsätzlich sind KI-Systeme so konzipiert, dass sie eigenständig Probleme für uns lösen sollen. Das bedeutet, dass KI-Systeme in der Lage sein müssen, eigenständig zu agieren.
Es hängt jedoch stark davon ab, welche Aufgaben die KI übernimmt und wie klar der Anwendungsbereich – besonders bei schwacher KI – definiert ist. Die Gesetzgebung in der EU sieht einige Einschränkungen für den Einsatz von KI vor. Dazu gehört, dass bestimmte Formen von KI-Systemen entweder gar nicht oder nur unter strenger Überwachung verwendet werden dürfen.
Bei den meisten KI-Systemen gilt: Sie können zwar selbstständig arbeiten, aber ihre Verhaltensweisen und Entscheidungen müssen überwacht werden. Stell dir das wie die Überwachungsmonitore im Krankenhaus auf der Intensivstation vor – wenn etwas nicht stimmt, kann ein Mensch eingreifen.

Und kann sich eine KI selbst weiterentwickeln? So wie im Film?

Je nach Komplexität der Aufgaben ja. Beispielsweise kann ChatGPT kleine Programme schreiben, um Berechnungen durchzuführen oder eine andere KI beim Lernen überwachen und trainieren. Hier können KI-Systeme sich im Kleinen bereits selbst weiterentwickeln.

Was sind eigentlich die Herausforderungen beim Nutzen von KI?

Da gibt es viele Herausforderungen. Für den normalen Nutzer einer KI ist wahrscheinlich die größte Herausforderung der richtige Umgang mit den Antworten einer KI.
Wie bereits erwähnt entscheiden KI-Systeme auf der Basis von Mustern und von erlernen Daten. Für Text-KI-Systeme wie ChatGPT oder Copilot bedeutet dieses (vereinfacht), dass die Systeme dir mit den Wörtern antworten, die die höchste Wahrscheinlichkeit für deine Frage haben und zu deiner Frage passen. Ob die Antwort richtig oder sinnvoll ist, also einen Sinn ergibt, muss der Nutzer einschätzen und bewerten.
Dieses ist auch die größte Herausforderung. Nutzer sollten lernen, die Quellen und die Genauigkeit der Informationen zu prüfen und KI als Werkzeug zu sehen, nicht als letzte Instanz. Vielleicht sollten wir uns im Kontext von KI auch noch einmal speziell mit den speziellen Risiken von KI auseinandersetzen…

Ich wiederhole mal kurz: Bis jetzt haben wir gelernt, dass KI aus Algorithmen besteht, die große Datenmengen analysieren und daraus Modelle entwickeln, um Probleme zu lösen. Obwohl KI unser Leben verändern und viele Aufgaben übernehmen kann, bleibt die größte Herausforderung, ihre Antworten kritisch zu hinterfragen und ihre Quellen zu prüfen. KI kann eigenständig agieren, muss aber oft überwacht werden, ähnlich wie Überwachungsmonitore im Krankenhaus. KI ist für uns ein Werkzeug, keine endgültige Instanz, und der menschliche Faktor bleibt entscheidend.

Korrekt. Wir sollten uns vielleicht noch etwas tiefer mit der Verantwortung hinter der KI beschäftigen. Dazu habt ihr bestimmt auch Fragen.

KI: Risiken und ethische Fragestellungen

Künstliche Intelligenz bietet uns viele Chancen, aber auch einige Risiken. In diesem Kapitel sprechen wir über die möglichen Gefahren und die ethischen Fragen, die mit KI verbunden sind. Wie können wir sicherstellen, dass KI fair und sicher für alle ist? Knut hilft uns, diese wichtigen Themen zu verstehen.

Was sind Risiken bei KI?

So wie es viele Möglichkeiten für den Einsatz von KI-Systemen gibt, gibt es auch zahlreiche Risiken bei ihrer Nutzung. Diese Risiken umfassen Datenschutzverletzungen, Arbeitsplatzverluste durch Automatisierung, ethische Bedenken bei der Entscheidungsfindung sowie die Möglichkeit von Fehlfunktionen oder Missbrauch, insbesondere in sicherheitskritischen Bereichen.

Was sind die ethischen Bedenken und welche Herausforderungen gibt es bei der Nutzung von KI?

Ethische Herausforderungen im Zusammenhang mit KI umfassen insbesondere den Schutz der Privatsphäre, die Gefahr von Überwachung, den möglichen Verlust von Arbeitsplätzen und die Verantwortung für Entscheidungen, die von KI-Systemen getroffen werden. Zudem spielen Bias in den Trainingsdaten, Transparenz und die Sicherstellung, dass KI im besten Interesse der Gesellschaft handelt, eine zentrale Rolle.

Was ist so eine BIAS?

Da fragen wir doch mal kurz meine Kollegin, Frau Prof. Dr. Ute Schmid. Sie ist eine renommierte KI-Forscherin, die sich mit maschinellem Lernen und kognitiver Modellierung beschäftigt. Fragen wir sie doch einmal, was es mit dem Begriff „BIAS" auf sich hat und warum es so wichtig ist, darauf zu achten.

Prof. Dr. Ute Schmid

Prof. Dr. Ute Schmid ist KI-Professorin an der Otto-Friedrich-Universität Bamberg

Hi Ute, kannst du den Studierenden sagen, was gemeint ist, wenn man sagt, dass KI-Systeme einen BIAS haben?

Mit Bias, auf Deutsch Verzerrung, ist meist gemeint, dass KI-Systeme, die auf Methoden des maschinellen Lernens, zum Beispiel künstlichen neuronalen Netzen, basieren, bestimmte Personengruppen benachteiligen, zum Beispiel bezogen auf Gender oder Ethnie. So kann es passieren, dass zum Beispiel bestimmte Erkrankungen bei Frauen nicht so gut vom KI-System erkannt werden wie bei Männern. Bekannt ist beispielsweise, dass die Google Bildersuche, welche im Hintergrund nach Mustern in Bildern sucht, bei einer Anfrage nach „Gorilla" auch Bilder von Personen mit einer dunklen Hautfarbe anzeigte. Das wurde später korrigiert und das Programm genauer entwickelt.
Auch Ansätze der generativen KI, wie ChatBots oder Bildgeneratoren unterliegen Biases. Beispielsweise zeigen generierte Bilder häufig nur sehr perfekt aussehende und junge Frauen, weil die Systeme mit Bildern von gutaussehenden Menschen trainiert wurden und die Bilder mit diesen Worten beim Einlesen in die KI beschriftet wurden.

Wie kommt es zu solchen BIASES?

Solche Biases kommen nicht absichtlich zustande, sondern weil beim Training Daten genutzt werden, bei denen bestimmte Fälle viel häufiger vorkommen als andere. Beispielsweise kann es sein, dass es zu einer bestimmten Krankheit viel mehr Daten von Männern als von Frauen gibt.
Das gelernte Modell funktioniert dann für Frauen nicht so gut. Ein anderes Problem ist, dass Daten Unfairheit, die in unserer Gesellschaft vorkommt, natürlich auch abbilden. Würde man zum Beispiel ein KI-System haben wollen, das einem vorschlägt,

wie viel jemand verdienen soll und man würde es mit den vorliegenden Daten trainieren, dann würde das Modell für Frauen weniger Gehalt vorschlagen als für Männer.
Wer sich gut mit maschinellem Lernen auskennt, achtet auf solche Probleme und versucht, ausgeglichene Datensätze zu nutzen oder bestimmte Unterschiede mit mathematischen Methoden auszugleichen. Aber dennoch kann man nicht ausschließen, dass man bestimmte Probleme in den Daten übersieht.

Danke Ute für die Hilfe!

Ich hoffe, dass erklärt euch etwas besser den Begriff BIAS!

Vorhin sprachst du von Privatsphäre. Wie beeinflusst KI eigentlich die Privatsphäre der Menschen?

KI-Systeme könnten theoretisch die Privatsphäre beeinträchtigen, indem sie große Datenmengen sammeln und analysieren, wodurch Menschen transparenter und vorhersagbarer werden.
Daher ist es wichtig, die geltenden Datenschutzrichtlinien zu beachten, transparente Systeme zu entwickeln und gegebenenfalls technische Möglichkeiten zu regulieren, um den Schutz der Menschen zu gewährleisten.

Kann die KI für den Menschen gefährlich werden?

Ja, wie jede Technik kann auch KI gefährlich werden, wenn sie für schädliche Zwecke genutzt wird. In den falschen Händen kann KI-Technologie durch den Einsatz von Deepfakes oder die Automatisierung von Überwachungs- und Waffensystemen eine Gefahr darstellen.

Deshalb sind ethische und rechtliche Rahmenbedingungen wichtig, um Missbrauch zu verhindern. Wie bereits erwähnt, kann KI durch voreingenommene Daten (BIAS) Menschen beeinflussen und manipulieren. Es besteht die Gefahr, dass sich Menschen zu sehr auf KI verlassen und nicht mehr selbst entscheiden oder Ergebnisse kritisch reflektieren. Daher ist es wichtig zu verstehen, dass die Ergebnisse einer KI immer eingeordnet und hinterfragt werden sollten. Eine KI ist nicht immer neutral in ihrem Ergebnis!

Darf eine KI allein Entscheidungen treffen, die das Leben von Menschen stark beeinflussen können?

Nein, KI-Systeme können derzeit keine eigenständigen Entscheidungen dieser Art treffen und sollten dies auch in Zukunft nicht tun. KI-Systeme können höchsten Empfehlungen für ein bestimmtes Vorgehen geben. Diese Empfehlungen müssen dann von Menschen bewertet, geprüft und hinterfragt werden.

Wie kann sichergestellt werden, dass die Daten, auf denen die KI trainiert wird, sicher und richtig sind?

Hier sind sowohl Menschen als auch Unternehmen gefragt, die KI einsetzen und trainieren. Die Daten, auf die eine KI zugreift, müssen sorgfältig und passend ausgewählt werden. Damit die KI vielseitig einsetzbar ist, sollten die Trainingsdaten eine gewisse Diversität aufweisen.
Ein Beispiel aus dem Bereich der Bild-KIs: Wenn eine Bild-KI vornehmlich mit Bildern von Personen mit hellem Hauttyp trainiert wird, kann sie auch hauptsächlich solche Personen generieren. Wenn die Trainingsdaten zudem zeigen, dass diese Personen oft Anzüge oder Hemden tragen, wird die KI bei der Anforderung, ein Bild einer Person im Anzug zu generieren, höchstwahrscheinlich eine Person mit hellem Hauttyp darstellen.
Deshalb ist es wichtig, dass ausreichend diverse Daten für das Training von KIs zur Verfügung stehen und genutzt werden können.

Wie kann man sicherstellen, dass KI-Systeme keine diskriminierenden Entscheidungen treffen?

Hier kommt es auf zwei Punkte an: Zum einen müssen die Trainingsdaten auf Diskriminierung überprüft und transparent angepasst werden, zum anderen darf die Funktionsweise einer KI nicht systematisch verzerrt werden. wird, wie wir uns erinnern, als BIAS (Vorurteil) bezeichnet. Ein praktisches Beispiel dafür ist der Bereich der Bild-KIs und der Umgang mit Trainingsdaten in Bezug auf Büroarbeiter. Büroarbeiter tragen häufig Hemd und Anzug, und die Personen auf den Trainingsbildern waren meist männlich und hellhäutig. Daher generierten Bild-KIs bei der Anfrage nach Büroarbeitern oft Bilder, die diesen stereotypen Bias widerspiegelten und vor allem Männer darstellten.
Der Alphabet-Konzern (Google) reagierte darauf, indem er seine Bild-KI so programmierte, dass bestimmte Personen nicht als hell- oder dunkelhäutig generiert werden konnten. Auch hier lag ein Bias vor, jedoch nicht aufgrund der Trainingsdaten, sondern als bewusste Voreingenommenheit, die in die Software eingebaut wurde. Dieser Ansatz wird im Englischen als „Intentional Bias“ bezeichnet, im Deutschen sprechen wir von einer bewussten Voreingenommenheit.

Wem gehören die Daten, die eine KI zum Lernen benutzt oder die sie selbst generiert?

Die Daten, die eine KI zum Lernen benutzt, gehören in der Regel dem Betreiber der KI oder sind frei verfügbar. Zu diesen frei verfügbaren Inhalten gehören beispielsweise Bücher, deren Urheberrecht abgelaufen ist, oder Inhalte, die ohne Urheberanspruch veröffentlicht wurden.
Die Definition der freien Verfügbarkeit ist jedoch umstritten. So kann es auch bedeuten, dass ein Bild, das ihr auf Instagram hochgeladen habt, als frei verfügbar gilt. Meta (Facebook, Instagram & WhatsApp) kann dann dieses Bild zum Trainieren

ihrer KI nutzen. Das Gleiche gilt für Texte, die ihr im Internet veröffentlicht oder in Foren schreibt.
Von KI generierte Inhalte sind meistens urheberrechtsfrei, da Maschinen keinen Anspruch auf Urheberrechte haben. Einschränkungen können jedoch gelten, wenn geschützte Inhalte wie Comic-Helden erstellt werden. Auch besonders komplexe Erstellungsprozesse können unter das Urheberrecht fallen.

Wie stark kann man einer KI vertrauen?

KI-Modelle sind nicht zu 100 % korrekt. Bei einfachen Aufgaben oder Anfragen ist die Antwort mit hoher Wahrscheinlichkeit richtig. Bei Themen, auf die die KI nicht trainiert ist oder zu denen ihr keine Daten vorliegen – wie beispielsweise aktuelle Entwicklungen –, besteht jedoch eine hohe Wahrscheinlichkeit, dass die KI falsche Antworten gibt oder „halluziniert“.

Wer ist eigentlich schuld, wenn eine KI einen Menschen verletzt oder tötet?

Die Verantwortung hängt von den gesetzlichen Regelungen ab. In der Regel haften die Hersteller oder Betreiber der KI. Grundsätzlich sollte es jedoch nicht so weit kommen, dass ein Mensch durch eine KI verletzt oder getötet wird. Bei kritischen Systemen gibt es in der letzten Instanz immer einen Menschen, der die finale Entscheidung trifft. Allerdings können auch bei KI-Systemen, wie beispielsweise in selbstfahrenden Autos, Unfälle nicht vollständig ausgeschlossen werden. Unvorhergesehene Ereignisse sind immer möglich.

Besteht die Gefahr, dass KI eines Tages so intelligent sein wird, dass wir als Menschen sie nicht mehr kontrollieren können?

Vom Wissensstand her übertreffen aktuelle KI-Systeme wie ChatGPT uns bereits in vielen Bereichen. Die entscheidende Frage ist, wie wir diese Systeme einsetzen und welche Rechte sie erhalten. In der EU ist der Einsatz von KI-Systemen stark reguliert.
Es wird immer einen „Kill-Switch" geben, um die Systeme im Notfall zu deaktivieren. Zudem müsste eine KI ein echtes Bewusstsein erlangen, um unkontrollierbar zu werden – was als sehr unwahrscheinlich gilt.

Kann KI Probleme lösen oder schafft sie neue?

Das ist eine interessante Frage, die unseren Umgang mit Technik und Hilfsmitteln gut beleuchtet. KI hilft bei der Lösung von Problemen, kann aber auch neue Herausforderungen schaffen. Dies war im Laufe der Geschichte schon immer ein normaler Prozess in der technologischen Entwicklung.

Wir können also mitnehmen: KI kann viele Aufgaben erleichtern, birgt aber Gefahren wie Datenschutzprobleme, Bias und Missbrauch, z. B. durch Deepfakes!
Es ist wichtig, dass KI-Systeme transparent sind und menschliche Kontrolle behalten. Ethik und rechtliche Rahmenbedingungen spielen eine zentrale Rolle, um sicherzustellen, dass KI fair und sicher bleibt. Letztlich bleibt KI ein mächtiges Werkzeug, das sowohl Probleme lösen als auch neue schaffen kann, abhängig davon, wie wir sie einsetzen.

Richtig! Nachdem wir uns mit den Risiken und ethischen Fragen rund um KI beschäftigt haben, wollen wir nun tiefer in das Thema eintauchen. Wie sehen Experten aus der Praxis die Chancen und Herausforderungen der KI? Unsere Schulreporterin Isi hat sich auf den Weg gemacht und zwei faszinierende Persönlichkeiten getroffen: Dr. Andreas Kohne und Simone Lis.

Dr. Andreas Kohne

Valisory GmbH, Geschäftsführer, Senator im Europäischen Wirtschaftssenat – zuständig fürs Machen. Ich treibe KI und weitere Innovationsthemen in der Industrie, der Verwaltung und dem Rundfunk voran.

Muss der Mensch vor KI geschützt werden?

Der Mensch muss nicht vor der KI geschützt werden, sondern vor Menschen, die mit Hilfe von KI anderen Menschen schaden wollen. Hierzu werden zum einen passende Gesetze und zum anderen eine breite Medienkompetenz benötigt. Denn vor den potenziellen Gefahren der KI kann sich nur schützen, wer entsprechend sensibilisiert ist.

Wo siehst du die Chancen und die Risiken von KI und deren Einsatz?

KI wird in vielen Bereichen zunächst einfache, repetitive Aufgaben überflüssig machen, egal ob in der Produktion oder in der Verwaltung. Dann werden komplexere Aufgaben folgen, die eine Interaktion mit weiteren Systemen erfordern. Insgesamt ist KI eine Chance gegen den akuten Fachkräftemangel, zur Entwicklung neuer, datengetriebener Geschäftsmodelle und vielem mehr. Die potenziellen Risiken liegen im möglichen Missbrauch (z. B. mit Deep Fakes und Fake News) und in der Unterschätzung der technologischen und ethischen Auswirkungen.

Wie setzt du KI bei der Arbeit ein?

Aktuell setze ich vor allem generative KI-Systeme wie LLMs ein, um meine Arbeitsprozesse zu beschleunigen und Zeitersparnisse zu erzielen. Das beginnt bei der Recherche, geht über das Entwerfen von strukturellen Textabläufen bis hin zum Transkribieren und Zusammenfassen von Interviews und Vorträgen.

Simone Lis

MatchlabN, Founder & Creator Future-Ready Woman, Corporate Innovation Expert, „KI-Mutmacherin“: Steigert das Selbstvertrauen von Frauen in Technologie durch die Verbindung von menschlichen Fähigkeiten und KI.

Muss der Mensch vor KI geschützt werden?

Künstliche Intelligenz als Tool kann der Menschheit helfen, doch es gibt auch Schattenseiten: Missbrauch, Manipulation, Bias. Wenn KI ein Problem in deinem Leben lösen könnte, aber deine Privatsphäre opfern wollte, wo würdest du die Grenze ziehen? Und wer sollte das entscheiden? Die Regierung, Unternehmen und du – wir sind alle verantwortlich, wie KI unsere Zukunft prägt.

Wo siehst du die Chancen und die Risiken von KI und deren Einsatz?

KI-Tools haben uns allen über Nacht eine Superkraft verliehen, die unsere Produktivität im Job und Alltag enorm steigert. Doch der verantwortungsvolle Umgang mit dieser Technologie ist entscheidend. Nur durch gezielte Schulung und bewussten Einsatz können wir Risiken wie Fehlinformationen, algorithmische Diskriminierung und den Verlust der Privatsphäre vermeiden. So nutzen wir KI optimal als Co-Pilot und verhindern mögliche Schäden.

Wie setzt du KI bei der Arbeit ein?

Als Solopreneurin und Mutter trage ich viele Hüte. Deshalb nutze ich KI beruflich vor allem zur Steigerung meiner Produktivität: KI-Meeting-Notizen, Terminplanung, Social-Media-Content-Erstellung und Kundengewinnung. Auch privat setze ich KI ein – ob Sport- und Ernährungspläne oder kreative Projekte wie das Erstellen von Büchern, Filmen und Podcasts mit meinen Kindern. KI ist mein Co-Pilot, der mich in allen Lebensbereichen unterstützt.

KI und der Mensch – Gefühle und Bewusstsein

Können Maschinen fühlen? Haben sie ein Bewusstsein? Können sie kreativ sein oder eine eigene Persönlichkeit entwickeln?
Diese Fragen klingen wie aus einem Science-Fiction-Film, sind aber heute aktueller denn je. In diesem Kapitel gehen wir diesen tiefgründigen und manchmal philosophischen Fragen weiter nach. Also los und lass und in diesen Bereich eintauchen!

Kann eine KI etwas fühlen?

Nein, KI kann keine echten Gefühle empfinden. Sie kann jedoch so programmiert werden, dass sie Gefühle simuliert, um menschlich zu wirken.

Kann eine KI seine eigene Meinung entwickeln?

Eine KI entwickelt keine eigenen Meinungen im menschlichen Sinne, da sie auf Mustererkennung und Datenanalyse basiert. Sie gibt Antworten oder Lösungen wieder, die mathematisch betrachtet die beste Annäherung an die richtige Antwort für eine Anfrage darstellen. „Richtig" bedeutet dabei eine Annäherung an die korrekte Antwort, abhängig von KI-Modell, Fragestellung und BIAS.

Kann KI kreativ sein und Entwürfe erstellen?

KI kann kreativ sein und Entwürfe erstellen, benötigt dafür jedoch immer menschlichen Input. Es gibt generative Netzwerke, bei denen KIs mit von anderen KIs erzeugten Daten trainiert werden, was zu interessanten Ergebnissen führen kann. Allerdings kann eine KI keine völlig neuen Ideen haben, da ihr ein „freier Bewusstseinsspeicher" fehlt, in dem Wissen und Ideen frei und neu vernetzt werden können. In einigen KI-Lösungen wird der Zustand des Nachdenkens simuliert. Den Nutzern wird angezeigt, dass die KI „denkt", indem ein sogenannter Think-Tag aktiviert wird. In dieser Phase generiert die KI zusätzliche, passende Befehle zur aktuellen Anfrage. Sie orientiert sich dabei an typischen Nutzeranfragen nach der ersten Antwort oder verwendet vorprogrammierte Standardbefehle. Diese können Anfragen an sich selbst umfassen, um Fehler zu überprüfen, die Antwort zu hinterfragen oder die Aufgabe aus anderen Blickwinkeln zu betrachten. Letztlich arbeitet die KI jedoch immer noch einen standardisierten Prozess ab.

Kann KI eine eigene Persönlichkeit entwickeln?

Eine KI kann so programmiert werden, dass sie bestimmte Persönlichkeitsmerkmale zeigt, aber eine echte Persönlichkeit im menschlichen Sinne kann sie nicht entwickeln, da ihr Bewusstsein und Selbstwahrnehmung fehlen. Zwar kann eine KI auf Nutzerantworten reagieren und bestimmte Bias aufweisen, aber auch diese Reaktionen und Bias sind fremdbestimmt und basieren auf antrainierten Regeln.

Könnte die Gefahr bestehen, dass die KI einen komplett eigenen Willen kreiert, ohne ihr eine Aufgabe zu geben?

Es besteht keine Gefahr, dass KI einen eigenen Willen entwickelt, da sie weder Bewusstsein noch Selbstwahrnehmung besitzt. KI-Systeme sind so programmiert, dass sie ausschließlich die Aufgaben ausführen, für die sie entwickelt wurden, ohne eigenständig Handlungen zu initiieren.

Kann eine KI Gefühle verstehen und Menschen helfen, indem sie ihre Gefühle versteht?

Eine KI kann menschliche Gefühle durch die Analyse von Sprache, Mimik und Gestik interpretieren und entsprechend darauf reagieren. Sie besitzt jedoch kein eigenes Bewusstsein oder echte Emotionen. Ihre Interpretationen basieren auf Wahrscheinlichkeiten und Mustern in den Daten.

Kann KI uns dabei helfen, das menschliche Bewusstsein zu verstehen?

KI kann in der Forschung zur Neuro- und Kognitionswissenschaft beitragen, indem sie Muster in neuronalen Daten erkennt und simuliert. Dies kann helfen, das menschliche Bewusstsein besser zu verstehen, auch wenn KI selbst kein Bewusstsein hat.

Könnten KIs irgendwann den Menschen überlegen sein?

In bestimmten Bereichen, wie der Datenanalyse oder der Lösung komplexer mathematischer Probleme, können KIs den Menschen schon jetzt überlegen und vor allem schnellersein. Dennoch ist der Mensch als Ideengeber und zur Steuerung der KI weiterhin notwendig.
In kreativen und sozialen Aspekten bleibt der Mensch überlegen. Es ist wichtig zu verstehen, dass KI-Systeme Hilfsmittel für uns Menschen sind – ähnlich wie Autos, die uns von A nach B bringen, oder Mobiltelefone, die das Telefonieren und Chatten von unterwegs ermöglichen. KIs werden uns helfen, besser auf Einflüsse zu reagieren und Probleme effektiver und sinnvoller zu lösen.

Kann eine KI Entscheidungen treffen, die das Leben von Menschen stark beeinflussen können?

KI kann Entscheidungen unterstützen, indem sie Daten analysiert und Empfehlungen gibt. Endgültige Entscheidungen, insbesondere solche mit großen Auswirkungen auf das Leben von Menschen, sollten jedoch von Menschen getroffen werden, um ethische und emotionale Aspekte zu berücksichtigen.
Wie bereits beschrieben, müssen KI-Systeme, die einen starken Einfluss auf Menschen haben, ständig überwacht und kontrolliert werden. Teilweise sind solche Systeme auch verboten. So ist es in der EU beispielsweise nicht erlaubt, KI-Systeme zu nutzen, um ein Social Credit System wie in China aufzubauen, zu trainieren oder einzusetzen.

Wie kann man eine KI von Menschen unterscheiden?

Man kann KI von Menschen unterscheiden, indem man auf typische Muster und Fehler in den Antworten achtet, die Menschen normalerweise nicht machen würden. Tests wie der eingangs erwähnte Turing-Test können ebenfalls helfen. Grundsätzlich kann man sich merken, dass KI-Systeme keinen eigenen Willen haben und auf festgelegten Regeln basieren. Sie können diese Regeln nicht brechen oder Handlungen ausführen, die außerhalb ihrer Programmierung liegen.
Ein Kollege sagte einmal zu dieser Frage, dass er einen rassistischen Witz erzählen könnte, wenn er wollte – eine KI könnte das nicht. Wir als Menschen können bewusst von Normen abweichen, was KI nicht möglich ist.

KI kann also keine echten Gefühle empfinden oder eine eigene Meinung entwickeln. Sie kann kreativ sein, braucht dafür aber menschlichen Input und arbeitet immer auf Basis von vorprogrammierten Regeln. Obwohl eine KI menschliche Emotionen erkennen und darauf reagieren kann, fehlt ihr ein echtes Bewusstsein. KIs können Entscheidungen unterstützen, aber große, lebensverändernde Entscheidungen sollten Menschen treffen. Letztlich ist KI ein Werkzeug ohne eigenen Willen, das sich innerhalb festgelegter Grenzen bewegt.

Das ist sehr gut zusammengefasst.

Nachdem wir über Gefühle, Bewusstsein und Persönlichkeit von Künstlicher Intelligenz gesprochen haben, möchte Isi das Thema aus einer ethischen Perspektive vertiefen. Sie hat dafür Michael Feiten getroffen, den Geschäftsführer von EthicalConsulting – EthiCons und Dozenten für KI- und Digitale Ethik.

Michael Feiten
Geschäftsführer EthicalConsulting – EthiCons,
Dozent und Trainer für KI- und Digitale Ethik

Worin liegen Vorteile und Gefahren einer programmierten BIAS bei einer KI?

Systematische Verzerrungen, die gut sind? Nun, in der Medizin kann eine wohlkomponierte KI in der Diagnose von BIAS besser sein, gerade weil sie den BIAS einprogrammiert, sozusagen stets präsent hat – übrigens auch, wenn wir an individualmedizinische KIs denken. Oder denken wir an Diversitätsziele. Auch hier kann ein gezieltes Bias womöglich helfen. Punktgenau kann es aber niemals werden. Wird ein Bias entdeckt, legt das auch den Finger in unsere impliziten Wunden: Vorurteile, die wir haben, derer wir uns aber nicht gewahr sind, werden – wenn wir sie denn in der KI entdecken – expliziert.

Wo bzw. wann kann eine programmierte BIAS bei einer KI sinnvoll sein?

Wie kann es sein, dass Frauen anteilig häufiger an koronaren Herzerkrankungen sterben, obwohl sie seltener daran leiden? Das sog. „Gender Health Gap“ ist eine Antwort. Frauenspezifische Krankheitsverläufe wurden in der Vergangenheit systematisch zu wenig berücksichtigt. Obwohl in Studien selbst die Daten im negativen Sinne verbiased sind, ist die Prognosequalität für Ärzte bei einem sich anbahnenden Herzinfarkt von Frauen mit KI um bis zu 20 % besser. Denken wir an die Finanzbranche: Eine auf Mustererkennung spezialisierte KI könnte so programmiert werden, dass sie stärker auf die nicht direkt explizierten finanziellen Verhaltensmuster und Gewohnheiten von Kreditnehmern achtet und stattdessen weniger auf soziodemographische Faktoren. Denken wir an den individualisierten Bildungssektor: Eine gute KI ist so programmiert, dass sie individuelle Lernpräferenzen und -geschwindigkeiten berücksichtigt, z. B. indem sie eher visuelle Lerntypen mit mehr Grafiken und Videos unterstützt, eher auditive mit Audioinhalten. Denken wir an Krisensituationen, beispielsweise Hochwasser: Oft wissen die Einsatzkräfte gar nicht, wer genau wie hilfsbedürftig ist. Hier könnte eine KI mit einer „programmierten BIAS“ gegenüber besonders gefährdeten Bevölkerungsgruppen (ältere Menschen, Kinder) schneller Hilfe priorisieren.

KI und Gesellschaft

Wie verändert KI unsere Arbeitswelt und unser tägliches Leben? In diesem Kapitel schauen wir uns an, welchen Einfluss KI auf die Gesellschaft hat. Hier geht nicht nur darum, Ängste zu schüren oder euphorische Zukunftsvisionen zu malen, sondern einen realistischen Blick darauf zu werfen, was uns erwartet und wie wir aktiv die Entwicklungen mitgestalten können: Wir diskutieren, welche Veränderungen auf uns zukommen und wie wir uns darauf vorbereiten können.

Welche Rolle spielt die KI eigentlich in unserer Arbeitswelt?

KI-Systeme werden vor allem genutzt, um sich wiederholende Aufgaben zu automatisieren. Sie können uns bei der Datenanalyse und bei Entscheidungsprozessen unterstützen und dabei viel Zeit sparen. Zwar entstehen neue Jobs in der Entwicklung und Wartung von KI, aber gleichzeitig werden auch einige Arbeitsplätze verschwinden – besonders in Bereichen, in denen einfache, routinemäßige Tätigkeiten anfallen.
Das führt dazu, dass sich Arbeitsprozesse ändern und es für Arbeitnehmer wichtig wird, neue Skills zu lernen. Insgesamt sollen KI-Systeme aber die Produktivität und Effizienz steigern und so am Ende ein qualitativ besseres Arbeitsergebnis ermöglichen.

Welche beruflichen Tätigkeiten werden von KIs heute und in naher Zukunft übernommen?

Heutzutage können KI-Systeme schon Teile von Jobs übernehmen, die Routineaufgaben beinhalten – zum Beispiel im Kundenservice, in der Verwaltung, Buchhaltung oder Datenverarbeitung. Diese Aufgaben sind oft repetitiv, also immer wieder gleich, und sehr datenlastig. Genau da kommt die Stärke der KI ins Spiel: Sie kann Muster erkennen und eigenständig Lösungen finden, wodurch die Effizienz steigt und Kosten sinken. Ähnlich wie während der industriellen Revolution, als Maschinen viele manuelle Tätigkeiten übernommen haben, verändert auch der Einsatz von KI die Arbeitswelt grundlegend. Damals wurden Prozesse dank mechanischer Produktion schneller und produktiver. Heute sorgt KI für die Automatisierung von sich wiederholenden Aufgaben, was nicht nur die Effizienz steigert, sondern auch dazu führt, dass Arbeitskräfte neu eingesetzt werden. Das zeigt, dass technologische Fortschritte immer Einfluss auf Jobs haben und neue Qualifikationen von Arbeitnehmern fordern.

Und das betrifft nicht nur die klassischen Berufe: Auch kreative Jobs könnten sich verändern, da KI inzwischen Bilder, Videos und Texte in rasantem Tempo erstellen kann. Ein Beispiel? *Der letzte Absatz (ab „Ähnlich…") wurde komplett von einer KI geschrieben.*

Werden demnächst vielleicht immer mehr Arbeitsstellen gekürzt, weil KI es besser kann? Bei welchen Stellen würde am schnellsten gestrichen werden?

Es gab bereits Fälle, in denen Arbeitsplätze durch den Einsatz von KI gestrichen wurden, vor allem in Unternehmen, die stark auf Technik in ihren Abläufen setzen. Besonders im Kundenservice, wo KI-Systeme Kundenanfragen beantworten, und im Medienbereich, wo KI Texte für Produkte und Werbung schreibt, gab es die größten Veränderungen.
Spannend wird es, wenn generative KI in die nächste Generation von Robotersystemen integriert wird. Dann könnten im ersten Schritt wieder Servicetätigkeiten betroffen sein, da Roboter mit KI-Unterstützung Aufgaben übernehmen, die bisher Menschen erledigt haben.
Wichtig ist dabei die Unterscheidung: Kommt es zu einer Verdichtung der Arbeit, bei der eine Person mit Hilfe von KI mehr in kürzerer Zeit schafft? Oder ersetzt die KI eine Aufgabe, die zu teuer wäre, um sie von einem Menschen ausführen zu lassen? Diese Fragen werden in Zukunft immer wichtiger.

Wird der Einsatz von KI dann zu Massenarbeitslosigkeit führen?

Aktuell gibt es wenig Grund zur Sorge. KI-Systeme könnten zwar einige Arbeitsplätze überflüssig machen, vor allem solche, die viele sich wiederholende Aufgaben beinhalten. Gleichzeitig entstehen aber auch neue Berufsfelder – etwa in der Entwicklung, Wartung und Überwachung von KI-Systemen. Hier sind Weiterbildung und eventuell Umschulungen entscheidend, um den Übergang zu erleichtern.

Außerdem zeigt sich, dass KI in den meisten Fällen eher als Unterstützung dient. Das bedeutet, dass sich die Art der Arbeit verändert, der Arbeitsplatz selbst aber bestehen bleibt. Die Aufgabe wird effizienter erledigt, doch der Mensch bleibt ein wichtiger Teil des Prozesses.

Welche Jobs kann eine KI auf keinen Fall übernehmen?

Handwerkliche Berufe und Jobs, die individuelle Entscheidungen und Improvisation erfordern, sind vermutlich sicher vor KI. Beispiele sind Tätigkeiten wie Renovierungsarbeiten – hier wird es so schnell keinen Roboter geben, der das komplett allein macht. Auch in solchen Bereichen wird Technik eher unterstützend wirken und uns die Arbeit erleichtern.
Das Wichtigste dabei: KI-Systeme sind Helfer. Die letzte Entscheidung und die Umsetzung liegen immer noch bei uns Menschen. Deswegen bleiben auch soziale und medizinische Berufe sicher, da sie Einfühlungsvermögen und persönliche Urteile brauchen.

Wird KI dann unsere Lebensweise verändern?

Ja, KI kann unsere Lebensweise ziemlich verändern. Sie automatisiert alltägliche Aufgaben, eröffnet neue Chancen in Medizin und Bildung und wandelt die Art, wie wir arbeiten und kommunizieren. Wahrscheinlich merken wir das zuerst an der Art, wie wir mit Technologie interagieren. Ob es neue Möglichkeiten in der Gesundheitsversorgung, im Lernen oder in der Unterhaltung sind – KI hat das Potenzial, unser Leben auf vielen Ebenen zu beeinflussen.

Wie schnell wird sich die künstliche Intelligenz weiterentwickeln, wenn man die Fortschritte der letzten Jahre betrachtet?

Das ist eine schwierige Frage: Text-KI und Bild-KI werden jetzt schneller und für Nischenlösungen trainiert. Eine Vernetzung von Nischen-KIs und digitalen Workflows wird realisiert, so dass KI-Systeme immer schnelle miteinander interagieren können. Workflows bedeutet in diesem Fall, dass Prozesse und Arbeitsabläufe digital von KI-Systemen realisiert und abgearbeitet werden können.
Die Qualität wird sich in den nächsten Jahren noch weiter verbessern, so dass es immer schwieriger seien wird, zwischen Inhalten, die von KI-Systemen und von Menschen erstellt wurden, zu unterscheiden. Durch die Vernetzung werden KI-Systeme auch befähigt komplexere Probleme zu lösen. Wenn ihr z. B. eine Klassenfahrt bucht, kann ein KI-System euch Ausflugsziele vorschlagen oder basierend auf Präferenzen eine Reiseroute mit euch abstimmen und selbstständig, auch unter Beachtung von maximalen Kosten für Ausflüge, Besuche und Touren buchen.

Zusammenfassend haben wir heute gesehen, dass KI unsere Arbeitswelt und unser tägliches Leben bereits stark verändert. Sie automatisiert viele Routineaufgaben und schafft neue Möglichkeiten in Bereichen wie Medizin, Bildung und Unterhaltung. Wir haben auch besprochen, dass handwerkliche und kreative Berufe sowie Jobs, die Einfühlungsvermögen brauchen, vorerst sicher sind. Wichtig bleibt: KI ist eine Unterstützung, nicht der Ersatz. Zwar kann es Arbeitsplatzverschiebungen geben, aber neue Berufsfelder entstehen. Der Schlüssel liegt in der Anpassung und Weiterbildung, um die Chancen der KI bestmöglich zu nutzen. Bleibt neugierig und offen für die Zukunft!

Prima! Die Auswirkungen von KI auf unsere Gesellschaft sind vielfältig und weitreichend. Um besser zu verstehen, wie KI unsere Arbeitswelt verändern wird, hat Isi mit fünf Experten gesprochen, die sich intensiv mit diesem Thema beschäftigen. Frau Prof. Dr. Sabine Pfeiffer erforscht die Zusammenarbeit von Menschen und Maschinen und gibt Einblicke, wie KI unsere Arbeitsplätze beeinflussen könnte.

Jörg von bonprix teilt seine Erfahrungen darüber, wie KI in großen Unternehmen Prozesse optimiert und Mitarbeiter unterstützt. Andreas ist ein freiberuflicher Internetspezialist, für den KI zu einem alltäglichen Werkzeug geworden ist. Simon, CEO der mindsquare AG, erklärt die Notwendigkeit von KI für sein Unternehmen und welche Veränderungen er in der IT-Branche in den nächsten zehn Jahren erwartet. Schließlich gibt Rhys Noelke von Bertelsmann Einblicke, wie KI in verschiedenen Geschäftsfeldern angewendet wird, von der Warenlogistik über Software-Entwicklung bis hin zu kreativen Bereichen wie Journalismus und TV-Produktion.

Prof. Dr. Sabine Pfeiffer
Friedrich-Alexander-Universität Erlangen-Nürnberg | Nuremberg Campus of Technology, Lehrstuhlinhaberin für Soziologie mit dem Schwerpunkt Technik, Arbeit, Gesellschaft sowie Mitglied im bidt-Direktorium und im Rat der Arbeitswelt des Bundesministeriums für Arbeit und Soziales. Prof. Dr. Sabine Pfeiffer erforscht, wie Menschen und Maschinen zusammenarbeiten, besonders in der modernen Arbeitswelt.

Wie wird KI in den nächsten 10-15 Jahren das Arbeits- und Wirtschaftsumfeld beeinflussen?

Schon heute verändert KI, wie wir arbeiten. Manche glauben, dass es bald kaum mehr Arbeit für Menschen gibt, weil alles von der KI erledigt wird. Das ist sehr übertrieben. KI kann sehr gut mit Sprache und Bild-Pixeln umgehen. Aber sie versteht weder die Texte noch die Bildinhalte wirklich. Daher wird sie Menschen in der Arbeit eher unterstützen und nur einzelne Tätigkeiten abnehmen oder ersetzen. Menschen machen am Arbeitsplatz viele verschiedene Tätigkeiten, und nur wenige kann die KI besser als wir.

Welche Berufe und Berufsfelder werden obsolet und welche Berufsfelder werden entstehen?

Ob die KI ganze Berufe ersetzt, ist fraglich, weil Berufe sehr verschiedene Tätigkeiten und Kompetenzen erfassen. Aber da, wo „nur“ Text produziert oder „nur“ Bilder bearbeitet oder

ausgewertet werden, kann KI auch menschliche Arbeit im größeren Maßstab ersetzen.
Es entstehen jetzt schon neue Tätigkeiten (das sind noch keine Berufe!) rund um KI: Manche bringen anderen bei, wie man mit KI gut zusammenarbeitet. Andere sind Profis im Aufbereiten der Daten, damit die KI auch gut an ihnen lernen kann. Wieder andere forschen zu den Grenzen und Problemen beim Einsatz von KI.

Jörg Engelhardt
Global Vice President People and Organisation; Jörg leitet weltweit Personal- und Organisationsaufgaben bei bonprix (2.500 Mitarbeiter).

Wie setzt ihr KI in eurem Unternehmen ein?

Wir nutzen zum Beispiel ogGPT, einen intelligenten Assistenten (ähnlich ChatGPT), der extra für die Mitarbeitenden der Otto Group konzipiert wurde. Er kann mit fortschrittlicher KI-Technologie detaillierte Antworten auf Fragen geben, in mehreren Sprachen kommunizieren und Informationen zu Themen wie Einzelhandel, Finanzen, Logistik und aktuellen Projekten innerhalb des Unternehmens bereitstellen. Das Tool ist intuitiv zu bedienen, hat jedoch keinen Zugriff auf interne Prozess- oder Dateninformationen und kann keine Änderungen an Systemen durchführen. In ogGPT integriert ist der Brand Language Converter, eine Anwendung, die anhand dutzender Textbausteine und vorgegebener Richtlinien darauf trainiert wurde, eine einheitliche Sprachqualität über alle Vermarktungskanäle zu sichern. Die Anwendung kann einen Text in unsere bonprix-Markensprache übersetzen oder aufgefordert werden, einen Text frei zu formulieren. Ein weiterer innovativer Ansatz von bonprix sind KI-generierte Modellbilder, welche die Kleidung an virtuellen Modellen mit unterschiedlichen Körpertypen präsentieren und den Kund*innen somit eine realistische Vorstellung von Aussehen und Passform geben.

Wie setzt du aktuell KI ein?

Ich verwende beispielsweise Bildungsplattformen, die Künstliche Intelligenz nutzen, um personalisierte Lernpfade zu erstellen, meinen Fortschritt zu überwachen und mir dann gezielte Übungen zu geben. Mittlerweile nutze ich KI aber zunehmend auch im privaten Kontext, um meinen Alltag zu organisieren und zu erleichtern. Sprachassistenten unterstützen mich beim Einstellen von Erinnerungen oder folgen meiner Aufforderung, Musik abzuspielen. Natürlich gibt es auch viele nützliche Smart-Home-Helfer, die mir das Leben bspw. beim Rasenmähen oder Saugen erleichtern.

Andreas Bufe

Cyber.Core, Inhaber. Andreas ist Internetspezialist und sorgt dafür, dass bei seinen Kunden Content-Management-Systeme immer und fehlerfrei erreichbar sind.

Welchen Einfluss hat KI auf dein Geschäftsfeld?

KI verändert meine Arbeit spürbar: Sie hilft beim Content-Analysieren, Code-Schreiben und -Prüfen und findet kreative Lösungen. Ich sehe KI als Werkzeug, das Arbeitsprozesse optimiert. In meiner Entwicklungsumgebung nutze ich Tools zur Bild- und Textanalyse. KI wird in allen Bereichen der IT stärker Einzug halten, zum Beispiel im Bereich der IT-Sicherheit, indem Bedrohungen schneller erkannt werden können, sowie im Kundenservice, wo Chatbots die Supportqualität verbessern können. Die Vorteile liegen in der Effizienzsteigerung, aber es gibt auch Herausforderungen, etwa die Prüfung der KI-Ergebnisse und die Sicherheit des Codes. In den letzten Jahren habe ich durch KI-Prozesse merklich beschleunigt und vereinfacht.

Wie wird KI deine Branche in den nächsten 10 Jahren verändern?

Ich erwarte, dass KI Textverständnis sowie Bild-, Video- und Tonqualität deutlich verbessert. Dies könnte die Anforderungen an Qualität und Kreativität erhöhen und ermöglicht es, Zusammenhänge noch besser zu verstehen. Möglicherweise entstehen neue Berufe wie „Prompt Engineer“ sowie Schulungs- und Lernbereiche und Chancen zur Prozessoptimierung. Langfristig wird eine Umorientierung und Anpassung der Menschen nötig sein, um KI sinnvoll zu nutzen. Ein Ausgleich, etwa durch Steuern auf KI-generierte Inhalte, die menschliche Arbeit ersetzen, könnte ebenfalls wichtig werden. Die Zusammenarbeit zwischen Mensch und KI wird im Alltag unverzichtbar. Allerdings bringt der Einsatz von KI auch Risiken in Bezug auf Datenschutz mit sich. Es muss noch weiter daran gearbeitet werden, sicherzustellen, dass persönliche Daten geschützt bleiben und verantwortungsvoll genutzt werden. Auch Anwender müssen ein stärkeres Bewusstsein für den Umgang mit Daten entwickeln, um Risiken zu minimieren und Datenschutzrichtlinien einzuhalten.

Wie setzt du aktuell KI ein?

Ich nutze KI-Tools wie ChatGPT für Lern- und Rechercheaufgaben sowie Analysen. Gemini nutze ich für Planungen rund um Reisen und für Inhalte, die von Google stammen. In Kombination mit Automationsschnittstellen lassen sich hier effiziente Arbeitsprozesse erstellen. Midjourney setze ich für Bildarbeiten ein und Suno für Musik- und Tonerzeugung. Diese Tools nutze ich auch kombiniert untereinander. In der Datenanalyse hilft mir KI bei der Umwandlung von Formaten und der Bilderkennung, was meinen Workflow erleichtert. Auch für kreative Aufgaben wie Texten und Designen.

Simon Gottheil

mindsquare AG, CEO & Vorstandsvorsitzender,
Simon leitet ein Unternehmen mit 430 Mitarbeitern im Bereich der Softwareentwicklung und Softwareberatung.

Welchen Einfluss hat KI auf euer Geschäftsfeld?

Für uns ist der Umgang und das Wissen über KI eine absolute Notwendigkeit, da wir in diesem Bereich auch beraten. Es gibt immer wieder neue Technologien und da müssen wir unseren Kunden helfen, diese bestmöglich zu nutzen.
Wir helfen unseren Kunden über Projekte und Verbesserungsmanagement, diese neuen Technologien einzuführen und existierende Probleme mit KI zu lösen. Wir starten z. B. mit Prozessoptimierung durch KI.

Wie wird KI eure Branche in den nächsten 10 Jahren verändern?

Es werden bestimmte Tätigkeiten wegfallen: Dazu gehören z. B. die Inhaltserstellung im Bereich Marketing oder einfache Entwicklungsaufgaben, die aktuell in der Nearshore-Entwicklung durchgeführt werden (Anmerkung: Nearshore-Entwicklung bedeutet, dass die Entwicklung nicht im Unternehmen selbst, sondern bei einer anderen Firma im Auftrag von mindsquare geschieht).
KI wird ein weiteres Instrument sein: Wo man bisher auf eine Person gesetzt hat, kann das dann zu 80 % die KI übernehmen.
Wir müssen aber dafür auch unsere Mitarbeiter motivieren, sich mit KI und den Möglichkeiten zu beschäftigen und diese auch zu nutzen. Ihr kennt das vielleicht aus der Schule: Nur weil vorne einer trommelt, ändert sich hinten nicht die Arbeitsweise.

Wie setzt du aktuell KI ein?

Ich nutze jeden Tag KI und diskutiere mit dieser, um z. B. eine zweite Meinung zu bekommen und zu erkennen, wie ich Themen besser vorantreiben kann. Ansonsten um Content zu erstellen oder zusammenzufassen oder auch um Termine zu transkribieren und zusammenzufassen. Insgesamt ist KI für mich wichtig für Input und Impulse, aber ich übernehme die Inhalte nicht blanko! KI ist mein Assistent, der mir hilft und mich unterstützt. Die Ergebnisse muss ich bewerten.

Rhys Noelke
Bertelsmann SE & Co. KGaA, Chief Data Officer – Group Lead Tech & Data, Zuständigkeit bei Bertelsmann-Konzern mit 80.000 Mitarbeitern? Chef-Koordinator Daten, KI und Technologie!

Welchen Einfluss hat KI auf euer Geschäftsfeld?

Bertelsmann hat sehr unterschiedliche Geschäftsfelder, also sind die Anwendung und Einflussmöglichkeiten für KI sehr unterschiedlich, aber es gibt auch Grenzen im Einsatz von KI, gerade im Journalismus oder in der TV-Produktion. Nachrichten, z. B., müssen die Realität abbilden und dürfen keine Fehler oder Unwahrheiten verbreiten. Hierbei gilt für uns, dass am Anfang und Ende ein Mensch die Kontrolle behalten muss. In anderen Bertelsmann-Geschäftsfeldern – wie in der Warenlogistik oder in der Software-Entwicklung – vereinfacht KI bereits heute einige Arbeitsschritte.

Wie wird KI eure Branche in den nächsten 10 Jahren verändern?

KI ist ein weiterer Baustein der sogenannten digitalen Umgestaltung unserer Geschäfte. Viele dieser Geschäfte sind in den letzten Jahren durch neue Technologien verändert worden, zum Beispiel durch das Aufkommen der digitalen Tech-Plattformen, Musik- oder Online-Videodienste. Der Einsatz von KI wird aber gerade in kreativen Bereichen Grenzen haben. Wir gehen nicht davon aus, dass KI die kreativen Menschen gänzlich ersetzen kann, KI wird sie unterstützen. Der Einsatz von KI wird nicht erst in 10 Jahren Normalität sein, ob in einem Büro-Job, in der industriellen Produktion oder im TV-Studio.

Wie setzt du aktuell KI ein?

Bertelsmann versucht in allen seinen Geschäften, die Möglichkeiten für den Einsatz von KI zu wecken. Dazu haben wir Pionierprojekte gestartet: So erhalten Nachrichtenredakteure Themenvorschläge durch KI. In unserem Buchverlag gibt es schon heute Möglichkeiten, Werbung durch KI zu personalisieren und Buchtipps über Social Media teilautomatisiert auszuspielen. In unserem Musikunternehmen haben wir eine KI-Lösung entwickelt, die einen passenden Song für ein Video automatisch vorschlägt. Ich nutze KI-Werkzeuge täglich, wenn es um Übersetzungen oder die Gestaltung von Präsentationen geht.

Wo und Wie kann KI noch eingesetzt werden?

Die Möglichkeiten der Künstlichen Intelligenz sind nahezu grenzenlos. Von der Medizin über die Kunst bis hin zu Alltagshilfen – KI findet in immer mehr Bereichen Anwendung und verändert sie grundlegend. In diesem Kapitel schauen wir uns an, wo KI heute bereits eingesetzt wird und welche spannenden Entwicklungen uns in der Zukunft erwarten könnten.

Was wird KI in Zukunft leisten können?

KI wird sich wahrscheinlich in vielen Bereichen weiterentwickeln, darunter personalisierte Medizin, fortschrittliche Robotik, intelligente Städte und nachhaltige Technologien. Sie wird zunehmend komplexe Probleme lösen können und neue Möglichkeiten schaffen, die unser Leben verbessern.

KI im Gesundheitswesen

Auch die Medizin kann von den Fortschritten in der KI-Forschung profitieren. Von präziseren Diagnosen über personalisierte Therapien bis hin zur Entwicklung neuer Medikamente—KI revolutioniert das Gesundheitswesen. Wir gehen im Folgenden u. a. der Frage nach, wie KI bei der Früherkennung von Krankheiten hilft, komplexe medizinische Daten analysiert und Ärzten wertvolle Unterstützung bietet.

Wie wird KI im Gesundheitssystem eingesetzt?

Zum Beispiel bei der Diagnose und Prognose: KI kann medizinische Bilder und Daten analysieren, um Krankheiten zu diagnostizieren und den Erfolg von Therapien vorherzusagen. Auch in der Forschung, etwa bei der Simulation der Wirkung neuer chemischer Verbindungen zur Entwicklung von Medikamenten, wird KI eingesetzt.

Textbasierte KI-Systeme können uns gezielte Informationen über Medikamente, Ernährung oder Behandlungsmöglichkeiten bei Krankheiten liefern. Weil wir KI präzise Fragen stellen und darauf basierend weiterfragen können, helfen uns diese Systeme, besser zu verstehen, was gesund oder ungesund für uns ist. Dennoch sollten wir die Antworten einer KI immer hinterfragen und sie bitten, ihre Aussagen zu begründen.

Wie lange wird KI schon in der Medizin verwendet?

Seit den 1970er Jahren wurden Expertensysteme wie MYCIN entwickelt. MYCIN half Ärzten, Infektionskrankheiten zu diagnostizieren und Therapieempfehlungen zu erstellen. Diese IT-Systeme wurden mit Informationen trainiert, um zu zeigen, welche Maßnahmen in bestimmten medizinischen Situationen am besten sind.

Mit welchen Daten wird KI in der Medizin gefüttert?

KI wird in der Medizin mit einer Vielzahl von Daten gefüttert, um fundierte Analysen und Vorhersagen treffen zu können. Zu den wichtigsten Datenquellen gehören:

- **Medizinische Bilder:** Röntgen-, CT-, MRT- und Ultraschallbilder zur Erkennung von Krankheiten wie Tumoren oder Frakturen.
- **Laborwerte:** Blutwerte, Hormone, Elektrolyte und Enzyme zur Diagnose und Überwachung von Krankheiten.
- **Vitalparameter:** Herzfrequenz, Blutdruck und Temperatur zur Überwachung des Patientenstatus.
- **Wearables:** Daten von Fitness-Trackern zur Langzeitüberwachung und Prävention.
- **Elektronische Patientenakten:** Informationen wie Krankengeschichte, Vorerkrankungen, Behandlungen und Medikation.
- **Genomische Daten:** Genetische Informationen zur Risikobewertung und personalisierten Therapie.

Wie hilft KI bei der Demenzprävention?

KI könnte helfen, demografische und medizinische Daten zu analysieren, um frühzeitig Hinweise auf eine mögliche Demenzentwicklung zu erkennen und präventive Maßnahmen zu empfehlen. Dabei geht es vor allem darum, Muster zu erkennen und angemessen darauf zu reagieren.

Und wie kann KI bei der Blutkrebsdiagnostik helfen?

Der Einsatz von KI in der Blutkrebsdiagnostik bietet viele Vorteile. Sie kann große Datenmengen analysieren und Muster erkennen, die für das menschliche Auge schwer zu erkennen sind. Mithilfe spezieller Programme identifiziert KI Veränderungen in Blutzellen und unterscheidet zwischen verschiedenen Arten von Blutkrebs. Das ermöglicht eine schnellere und genauere Diagnose und somit eine frühere Behandlung. Zudem unterstützt KI die Analyse genetischer Daten, um personalisierte Therapien zu entwickeln. Dadurch können Ärzte gezielte Behandlungen vorschlagen, die besser auf den einzelnen Patienten abgestimmt sind. Insgesamt verbessert der Einsatz von KI die Genauigkeit der Diagnose und erhöht die Überlebenschancen.

Wie zuverlässig ist KI in der Medizin?

In bestimmten Bereichen, wie der Diagnostik, können KI-Systeme genauso gut sein wie Ärzte. In anderen Bereichen, etwa bei der Erkennung von Brustkrebs, die stark auf der Bildanalyse basiert, können KI-Systeme sogar präziser sein. Die Zuverlässigkeit hängt jedoch vom jeweiligen Anwendungsfall ab.

Werden KIs irgendwann so weit sein, Ärzte vollständig zu ersetzen?

KI-Systeme werden in absehbarer Zeit Ärzte und medizinische Abläufe besser und stärker unterstützen können. In bestimmten Bereichen kann dieses in der fernen Zukunft bedeuten, dass ein KI-System hier einen Arzt ablösen kann. In bestimmten Bereichen, wo die menschliche Komponente besonders wichtig ist, wird aber keine KI einen Menschen ersetzen können.

Welche ethischen und praktischen Herausforderungen ergeben sich, wenn KI im medizinischen Bereich Entscheidungen trifft und das Leben von Patienten beeinflusst?

Obwohl KI-Systeme Mediziner bei der Behandlung unterstützen, bleibt die Verantwortung für Entscheidungen beim medizinischen Personal. Im Falle eines Todes wird geprüft, ob fahrlässig gehandelt wurde. Eine KI sollte keine endgültigen Entscheidungen über das Schicksal eines Menschen treffen, da sie auf menschlichen Daten basiert, die Vorurteile enthalten können. Zudem besteht die Gefahr, dass KI-Systeme manipuliert oder gehackt werden, auch wenn sie grundsätzlich nur für ihren vorgesehenen Zweck verwendet werden sollten.

Von präzisen Diagnosen und personalisierten Therapien bis hin zur Forschung und Früherkennung: KI revolutioniert die Medizin und unterstützt Ärzte, ohne sie zu ersetzen. Dabei spielt sie eine wichtige Rolle bei der Analyse von Bildern, Laborwerten und genetischen Daten. Trotzdem bleibt die Verantwortung für Entscheidungen beim medizinischen Personal, und ethische Fragen, wie die Zuverlässigkeit und potenzielle Manipulation, bleiben wichtige Themen. Insgesamt zeigt sich, dass KI die Medizin effizienter macht und das Potenzial hat, Leben zu verbessern.

Kreative Anwendungen

Wusstet ihr, dass KI auch kreativ sein kann? Ob beim Komponieren von Musik, beim Malen von Bildern oder beim Schreiben von Geschichten – KI öffnet neue Horizonte in der Welt der Kunst und Kreativität. Knut erklärt, wie Technik und Kunst miteinander verschmelzen und welche erstaunlichen Ergebnisse daraus entstehen können.

Kann KI Journalismus betreiben?

Ja, KI kann im Journalismus eingesetzt werden, um Artikel zu schreiben, Informationen zusammenzufassen, Daten zu analysieren und Trends zu erkennen. Dies geschieht bereits heute. Journalisten nutzen KI-Systeme, um Standardmeldungen umzuschreiben oder verschiedene Quellen miteinander zu verbinden. Der deutsche Presserat empfiehlt, dass am Ende solcher Beiträge ein Hinweis steht, dass sie mithilfe von KI bearbeitet wurden.
Darüber hinaus können KI-Systeme Nachrichtenberichte aus Daten wie Sportergebnissen oder Finanzberichten generieren und bei der Recherche sowie der Faktenprüfung unterstützen. Trotz dieser Möglichkeiten ersetzen KI-Systeme nicht die journalistische Intuition oder Kreativität eines menschlichen Reporters. Allerdings könnten Beiträge von KI von Lesern als neutraler wahrgenommen werden, da Journalisten oft ihre eigene Meinung und Präferenzen in Berichte einfließen lassen.

Können KIs Filme erstellen?

Ganze Filme können KIs derzeit (2024) noch nicht erstellen. Je nach Einsatz können KI-Systeme jedoch bei der

Filmerstellung unterstützen, indem sie Drehbücher schreiben oder Filmszenen und Spezialeffekte generieren. Aktuelle Video-KIs können Filmszenen beispielsweise aus einer Textbeschreibung oder einem Bild heraus erstellen. Diese Sequenzen sind jedoch noch sehr kurz und meist nur wenige Sekunden lang.
In Zukunft muss daran gearbeitet werden, längere Szenen zu ermöglichen und sicherzustellen, dass Bildelemente wie Darsteller, Häuser oder Autos einheitlich aussehen.
Am Ende dieses Buches findest du eine Linkliste mit verschiedenen KI-Tools, darunter auch Video-KIs, die du größtenteils kostenfrei testen kannst. Die meisten dieser Tools sind allerdings auf Englisch. Die bekannteste Video-KI ist unter www.runwayml.com zu finden.

Kann KI dann auch Musik komponieren?

Ja, KI kann Musik komponieren, indem sie musikalische Muster analysiert und neue Melodien, Harmonien und Rhythmen generiert. Es gibt bereits KI-Systeme, die in der Lage sind, Musikstücke in verschiedenen Stilen zu komponieren und diese als Ausgangspunkt für menschliche Musiker zu nutzen.
Ein solches KI-System, das du kostenlos ausprobieren kannst, findest du unter www.suno.com – probiert es einfach aus!
Texte für Lieder kannst du problemlos mit einer Text-KI wie Copilot oder ChatGPT entwerfen.

Und kann die KI dann auch Videospiele entwickeln?

Ja, KI kann bei der Entwicklung von Spielen helfen, indem sie beispielsweise Charaktere und Welten generiert. Besonders spannend wird es, wenn Video- und Bild-KI-Systeme verstärkt in Videospielen eingesetzt werden. Dadurch könnte sich die Grafikqualität erheblich verbessern und noch realistischer werden.

Einsatz von KI in der Kunst

Kann KI bei der Erstellung von Kunstwerken helfen?

Ja, absolut. Künstliche Intelligenz kann Künstler bei der Erstellung von Kunstwerken unterstützen, indem sie neue Ideen und Techniken vorschlägt oder kreative Prozesse automatisiert. Durch die Analyse bestehender Kunstwerke kann KI neue Kreationen im Stil bestimmter Künstler erzeugen und Vorschläge zu Farben, Kompositionen und Stilen machen. Neben der Bildkunst bietet KI auch in der Musikkomposition und im kreativen Schreiben innovative Ansätze.

Kann KI die Kreativität der Menschen beeinflussen?

KI kann die Kreativität von Menschen beeinflussen, indem sie neue Ideen und Inspirationen liefert, kreative Prozesse unterstützt und repetitive Aufgaben automatisiert. Sie kann auch als Kollaborationswerkzeug dienen, bei dem der Mensch mit der KI zusammenarbeitet, um kreative Projekte zu entwickeln. Überlegt euch zum Beispiel, welche beiden Popstars ihr gerne einmal in einem Film sehen würdet. Die KI könnte vorschlagen, in welchen Filmen diese Popstars zusammenspielen könnten und wie die Handlung aussehen könnte.

Wird KI unsere Kreativität beeinflussen?

Ja, das tut sie bereits aktiv. KI kann kreative Prozesse unterstützen, indem sie Inspiration liefert und repetitive Aufgaben übernimmt, sodass Menschen mehr Zeit für kreative Tätigkeiten haben. Gleichzeitig kann KI die Wahrnehmung von Kreativität verändern, indem sie neue künstlerische Möglichkeiten schafft und traditionelle kreative Prozesse ergänzt. Es gibt bereits Musiker, die KI-Lösungen nutzen, um ihre Musikvideos zu erweitern oder Songs zu erstellen, die es bis in die Top-Listen eines Landes schaffen.

Ob Musik, Filme, Videospiele oder journalistische Texte – KI bietet also zahlreiche Möglichkeiten, um Ideen zu generieren und Projekte schneller umzusetzen. Im Journalismus kann KI Berichte erstellen und Daten analysieren, während sie im Film kurze Szenen aus Textbeschreibungen erschafft und bei Drehbüchern hilft. Auch in der Musik und Kunst unterstützt KI durch neue Inspirationen und automatische Prozesse. Die kreative Intuition des Menschen bleibt jedoch unverzichtbar, und KI dient vor allem als Werkzeug, das uns inspiriert und repetitive Aufgaben erleichtert.

Die Welt der Kunst und Kreativität wird durch KI auf den Kopf gestellt. Isi hat sich deshalb mit Felix Beilharz, einem Experten für Online-Marketing und Social Media, getroffen, um herauszufinden, wie KI die kreative Branche revolutioniert. Schaut mal, wie KI in Bereichen wie Marketing, Design und Content-Erstellung eingesetzt wird und welche neuen Möglichkeiten sich dadurch ergeben!

Felix Beilharz
Freiberufler Felix Beilharz, Unternehmensberater: Ich bin Kreativ-Experte und insbesondere Experte für Online-Marketing und Social Media und zeige Menschen, wie sie erfolgreiches digitales Marketing betreiben.

Welchen Einfluss hat KI auf euer Geschäftsfeld?

Im Marketing verändert KI momentan wahnsinnig viel. Jobs, die früher mehrere Stunden gedauert haben, sind heute mit 30-40 % weniger Zeitinvest möglich. Strategische und kreative Leistungen werden durch KI unterstützt. KI wird von vielen als „Denkhilfe“ oder „Sparringspartner“ eingesetzt, zum Beispiel für die Erstellung von Social Media

Posts, Konzepten, Redaktionsplänen oder Videoskripten. Ich arbeite mit Unternehmen, die zum Beispiel deutlich weniger Stockfotos kaufen und stattdessen die benötigten Bilder mit KI generieren lassen. Selbst Hintergrundmusik für Videos wird mit KI generiert. Es gibt eigentlich kaum einen Bereich, in dem KI nicht vieles verändert. Und mit der Verknüpfung von Tools lassen sich noch deutlich komplexere Workflows und Prozesse etablieren.

Wie wird KI eure Branche in den nächsten 10 Jahren verändern?

Das lässt sich ehrlich gesagt kaum absehen. Wenn wir davon ausgehen, dass die derzeitige Entwicklung anhält oder sich gar noch verstärkt und nicht durch „KI-Inzucht“ wieder abflacht, ist kaum vorstellbar, wie diese Welt in 10 Jahren aussieht. Wird es noch Fotografen, Videocutter, Grafikdesigner, Programmierer, 3D-Designer etc. geben? Oder nur noch einen Bruchteil der heutigen Anzahl? Gut möglich, dass in unserer Branche kein Stein auf dem anderen bleibt.

Wie setzt du aktuell KI ein?

Ich nutze diverse KI-Tools für alle möglichen Aufgaben. Hier mal nur ein paar kleine, konkrete Beispiele:

- Das neue Sprecher-Intro meines Podcasts kommt von einer KI-Stimme.
- Hintergrundmusik in vielen Videos ist KI-generiert.
- Videobearbeitung (z. B. Untertitel, Effekte) unterstützt durch KI.
- Analyse von Social Media Posts (eigene und fremde) und Daten.
- Unterstützung bei der Ideenfindung, Brainstorming.
- Bildbearbeitung (sehr häufig zum Beispiel Bild-Erweiterung, wenn etwas abgeschnitten ist).
- Zusammenfassung von Texten oder Video-Inhalten.

Weitere Anwendungen

Künstliche Intelligenz ist ein echtes Multitalent! Neben den bereits besprochenen Bereichen wie Medizin, Kunst und Bildung gibt es noch viele weitere spannende Felder, in denen KI eingesetzt wird. In diesem Kapitel erkunden wir einige ungewöhnliche und faszinierende Anwendungen von KI, die ihr vielleicht noch nicht kennt.

Wie kann KI im Handwerk oder der Industrie benutzt werden?

KI kann im Handwerk zur Optimierung von Arbeitsprozessen, zur Fehlererkennung und zur vorausschauenden Wartung von Maschinen eingesetzt werden. Beispielsweise können KI-Systeme Muster in Produktionsprozessen analysieren und Vorhersagen über den Wartungsbedarf treffen, um Ausfallzeiten zu minimieren. Zudem können von KI gesteuerte Roboter bei präzisen und wiederholbaren Aufgaben unterstützen.
Im traditionellen Handwerk, in dem sehr präzises Arbeiten notwendig ist, ist der Einsatz von KI noch begrenzt. Das Handwerk ist hier bislang weitgehend vor den Einflüssen der KI geschützt.

Können KIs Löscharbeiten unterstützen?

Eine schöne Frage. Theoretisch ja: In der Zukunft könnte KI bei der Routenplanung für Einsatzkräfte helfen, Gefahrenbereiche identifizieren und Echtzeitdaten analysieren, um die Sicherheit zu erhöhen. KI-gesteuerte Drohnen und Roboter könnten in gefährlichen Situationen zum Einsatz kommen. Doch derzeit ist das noch Zukunftsmusik und mehr Vision als Realität.

Kann KI in der Rechtsprechung eingesetzt werden?

Ja, es gibt bereits spezielle KI-Systeme für den Einsatz im Bereich der Rechtsprechung. Diese Systeme analysieren Rechtsdokumente, erkennen Muster in Gerichtsentscheidungen und unterstützen Juristen bei der Recherche sowie der Erstellung von Rechtsdokumenten und Verträgen. Dabei dient die KI als Hilfsmittel, nicht als endgültiger Entscheidungsträger.

Kann KI bei der Vorhersage von Naturkatastrophen helfen?

Ja, KI-Systeme aus dem Bereich des maschinellen Lernens analysieren große Datenmengen aus Wettervorhersagen und seismischen Aktivitäten, um Frühwarnsysteme zu unterstützen.

Kann eine KI eigentlich auch Sport treiben?

Äh Nein, nicht im normalen Sinne: KIs können Athleten unterstützen, indem sie Trainingspläne optimieren und Leistungsanalysen durchführen. Roboter könnten in speziellen Sportarten oder Wettbewerben zum Einsatz kommen, aber das ist noch etwas Zukunftsmusik.

Kann eine KI für mich kochen?

Ein klares Jein! KIs können Rezepte entwickeln, Zutaten analysieren und Zubereitungstechniken vorschlagen. KI-gesteuerte Roboter können auch einfache Kochaufgaben übernehmen. Ob sich das jedoch zeitnah für den Heimgebrauch durchsetzen wird, ist fraglich – schließlich braucht so ein Roboter auch Platz.

Kann eine KI eine Zeitmaschinen bauen?

Nein, derzeit gibt es keine wissenschaftlichen Grundlagen oder Technologien, die den Bau von Zeitmaschinen ermöglichen. Hier kann uns leider auch KI nicht weiterhelfen.
Es ist völlig unmöglich eine Zeitmaschine zu bauen, zu besitzen oder zu betreiben!

Kann KI komplexe mathematische Problemstellungen lösen?

Ja, wenn KI entsprechend trainiert wird, kann sie komplexe mathematische Probleme lösen und dabei oft schneller und präziser arbeiten als ein Mensch.

Kann eine KI Waffen steuern?

Ja, KI-Systeme wie KI-Bilderkennung werden bereits in Verteidigungssystemen eingesetzt. Auch bei der Fernsteuerung von Drohnen können KI-Systeme unterstützen. Der Einsatz solcher Technologien ist jedoch ethisch umstritten und erfordert strenge Kontrollen, um Missbrauch zu verhindern. Einige Länder gehen dabei weniger streng vor als die EU.

Kann die KI Sprachen übersetzen?

Klar. Moderne Übersetzungsprogramme, die auf KI und neuronalen Netzwerken basieren, können Texte in Echtzeit zwischen verschiedenen Sprachen übersetzen und dabei eine hohe Genauigkeit erreichen.

Kann KI im 3D-Druck eingesetzt werden?

Natürlich. KI kann den Druckprozess optimieren, indem sie Parameter wie Materialverbrauch und Druckzeit anpasst, und sie kann komplexe Designs erstellen, die ohne diese Technologie schwierig umzusetzen wären.

Wir lernen also, dass KI vielfältig eingesetzt werden kann – von der Optimierung in Handwerk und Industrie bis hin zur Unterstützung bei Löscharbeiten und in der Rechtsprechung. KI hilft bei der Vorhersage von Naturkatastrophen, der Übersetzung von Sprachen und sogar beim Kochen und 3D-Druck. Während sie Athleten trainiert oder mathematische Probleme löst, bleibt der Bau einer Zeitmaschine auch für KI Science-Fiction. Bei all den Möglichkeiten ist es wichtig zu betonen, dass ethische Fragen, insbesondere beim Einsatz in der Verteidigung, kritisch betrachtet werden müssen. KI bleibt ein Hilfsmittel, das in vielen Bereichen neue Perspektiven eröffnet.

Um die vielfältigen Einsatzmöglichkeiten von KI zu verstehen, hat unsere rasende Reporterin Isi mit Piotr Dawidowicz gesprochen, dem Geschäftsführer der nukleus AG, die digitale Assistenten für die Bau- und Immobilienbranche entwickelt.
Obwohl man bei der Baubranche nicht sofort an KI denkt, zeigt Piotr, wie die Technologie Arbeitsprozesse automatisiert, Risiken frühzeitig erkennt und sogar juristische Aufgaben unterstützt.

Piotr Dawidowicz
nukleus AG, Geschäftsführer: Wir entwickeln digitale Assistenten für die Bau- und Immobilienbranche und führen Analysen in selbigen durch.

Welchen Einfluss hat KI auf euer Geschäftsfeld?

KI ist dabei, unser Geschäftsfeld tiefgreifend zu verändern, insbesondere in der Automatisierung und Optimierung des Projektreportings sowie der Qualitätssicherung.
Beispiel? In der Qualitätssicherung wird ein Mangel festgestellt und mittels Mängelrüge automatisch angezeigt. Durch den Einsatz werden Projektdaten in Echtzeit für die Arbeitsprozesse aktualisiert und Risiken frühzeitig erkannt.
KI ermöglicht es uns, eine Art „intelligente Firewall" für thematische Audits (Prüfungen) zu schaffen, welche kritische Bereiche überwacht und potenzielle Probleme erkennt, bevor sie eskalieren. Diese Automatisierung entlastet das Personal, indem sie Routineaufgaben übernimmt und den Fokus auf wertschöpfende Tätigkeiten verlagert.

Wie wird KI eure Branche in den nächsten 10 Jahren verändern?

KI hat Einfluss auf die Baubranche.
Ein entscheidender Faktor ist dabei nicht die Größe der Organisation, sondern ihre Kultur. Firmen, die eine innovative und lernbereite Kultur pflegen, können die Vorteile der KI effizient nutzen. Die Differenzierung zwischen Organisationen, die KI richtig einsetzen, und denen, die sie nicht verstehen, wird in den kommenden Jahren immer größer.
Ein spannender Fortschritt ist unser erstes Pflichtenheft (Aufgabenheft, in dem steht, was ein z. B. Dienstleister machen muss), in dem wir die Funktionen einer juristischen Kanzlei imitieren. Unsere Kunden möchten, anstatt externe Kanzleien für »relativ einfache« und spezialisierte juristische Aufgaben hinzuzuziehen, auf unsere KI-Lösung zurückgreifen.

Durch den direkten Zugang zu generativer KI kann die Fachunterstützung ohne komplexe technische Schnittstellen oder Oberflächen bezogen werden. Keine modernen Benutzeroberflächen, sondern Kommunikation über E-Mail, um bestehende Prozesse nicht zu verändern.

Wie setzt du aktuell KI ein?

Wir nutzen die Technik, die wir selbst entwickeln. Aus persönlicher Perspektive habe ich festgestellt, dass ich immer weniger tippe und lese. Stattdessen diktiere ich viel und lasse mir Texte vorlesen, da dies sowohl Zeit spart als auch vieles nebenbei passiert. KI hilft mir, den Fokus zu behalten.
Früher dauerte unsere Jahresabrechnung eine Woche, jetzt erledige ich das selbst in nur zwei Stunden, ohne die Hilfe eines Sekretariats. Dies zeigt, wie stark unsere Effizienz durch den Einsatz von KI gestiegen ist.
Auch bei der strategischen Entwicklung unseres Unternehmens: Bei der Entwicklung von Kundensegmenten oder anderen strategischen Ausrichtungen meiner Organisation formuliere ich zuerst die Ziele und Akzeptanzkriterien mit der KI und loope die Inhalte testbasiert ein paar Mal durch die KI. So entsteht ein fertiges Dokument in hervorragender Qualität innerhalb einer Stunde.

KI und Datenschutz

Mit der wachsenden Verbreitung von KI-Technologien stellt sich die wichtige Frage: Was passiert mit unseren Daten? Datenschutz ist ein zentrales Thema, das uns alle betrifft. In diesem Kapitel diskutieren wir, wie KI mit persönlichen Daten umgeht, welche Risiken es gibt und wie wir unsere Privatsphäre schützen können

Kann KI den Datenschutz verletzen?

Ja, KIs können potenziell den Datenschutz verletzen, besonders wenn sie auf große Mengen persönlicher Daten zugreifen und diese analysieren. Deshalb ist es wichtig, gesetzliche Rahmenbedingungen zu schaffen und strenge Kontrollen einzuführen, um den Datenschutz zu gewährleisten.

Wie wird aktuell sichergestellt, dass deine Persönlichkeitsrechte nicht verletzt werden, wenn ein Bild oder ein Video von dir im Internet vorhanden ist und das jemand mit KI bearbeitet, sodass du dann plötzlich anders aussiehst oder ein Text gesprochen wird, den du nie gesagt hast?

Es ist kaum möglich, dies vollständig zu verhindern, und es bleibt ein großes Problem. Es können Filter entwickelt werden, die bekanntes Material herausfiltern, aber eine umfassende Lösung gibt es noch nicht.
Bei Plattformen wie Instagram oder Facebook ist in den Geschäftsbedingungen oft vorgesehen, dass Bilder oder Texte für das Training von KI-Systemen genutzt werden dürfen. Grundsätzlich gilt jedoch auch bei KI-Inhalten das

Persönlichkeitsrecht. Niemand darf dein Bild ohne deine Zustimmung als Grundlage für KI-Inhalte verwenden. Eine Ausnahme bilden Personen des öffentlichen Lebens, wie Politiker. In solchen Fällen kann die Nutzung von Bildern durch die Kunstfreiheit gedeckt sein, die im Grundgesetz verankert ist. Dabei muss jedoch das Urheberrecht beachtet werden, und KI-erstellte Inhalte sollten als solche gekennzeichnet werden, insbesondere wenn sie satirischen Charakter haben.

KI und Datenschutz ist ein schwieriges Thema, das sich momentan stark entwickelt. Auch die Rechtsbranche verändert sich in diesem Bereich erheblich. Daher hat Isi mit dem renommierten Rechtsanwalt Christian Solmecke gesprochen, wie sich seine Branche aktuell verändert.

Christian Solmecke
Rechtsanwalt, WBS LEGAL, Christian ist Anwalt und YouTuber, der verständlich über Rechtsthemen wie Medien-, Internet- und Urheberrecht informiert.

Welchen Einfluss hat KI auf euer Geschäftsfeld?

KI hat bereits einen erheblichen Einfluss auf das Rechtswesen und wird dies auch weiterhin tun. In unserem Geschäftsfeld ermöglicht KI eine effizientere Bearbeitung von Routineaufgaben, was zu einer erheblichen Zeit- und Kostenersparnis führt. Beispielsweise können durch den Einsatz von KI-gestützten Tools große Mengen an Dokumenten schneller und präziser analysiert werden. Dies verbessert nicht nur die Genauigkeit, sondern auch die Geschwindigkeit, mit der wir unseren Mandanten rechtliche Beratung bieten können.

Wie wird KI eure Branche in den nächsten 10 Jahren verändern?

In den nächsten zehn Jahren wird KI die Rechtsbranche tiefgreifend verändern. Hier sind einige der wichtigsten Entwicklungen, die wir erwarten:

- **Automatisierung von Routineaufgaben:** Viele administrative und repetitive Aufgaben werden vollständig automatisiert, was Anwälten mehr

Zeit für komplexere und strategische Arbeiten lässt.

- **Verbesserte Rechtsanalysen:** KI wird in der Lage sein, umfangreiche juristische Datenbanken zu durchsuchen und relevante Präzedenzfälle und Gesetzestexte schneller und präziser zu identifizieren.
- **Personalisierte Rechtsberatung:** Durch die Analyse von Daten und Mustern wird KI maßgeschneiderte rechtliche Empfehlungen und Strategien entwickeln können, die auf die spezifischen Bedürfnisse jedes Mandanten zugeschnitten sind.
- **Vertragsanalyse und -erstellung:** KI-Tools werden in der Lage sein, Verträge zu überprüfen und zu erstellen, potenzielle Risiken zu identifizieren und sicherzustellen, dass alle rechtlichen Anforderungen erfüllt sind.
- **Vorhersage von Gerichtsurteilen:** Durch die Analyse historischer Gerichtsurteile und anderer relevanter Daten wird KI in der Lage sein, die Wahrscheinlichkeit bestimmter Urteile vorherzusagen, was die strategische Planung erleichtert.

Wie setzt du aktuell KI ein?

Aktuell nutzen wir KI in verschiedenen Bereichen unseres Geschäfts:

- **Verständliche Zusammenfassung von Urteilen für Mandanten:** Wir verwenden Copilot, ChatGPT und Anthropic, um komplexe Gerichtsurteile in verständliche Sprache zu übersetzen, sodass unsere Mandanten die wesentlichen Punkte leicht nachvollziehen können.
- **Reduktion langer Schriftsätze auf den Kern:** Diese Tools helfen uns dabei, umfangreiche Schriftsätze auf die wichtigsten Argumente und Fakten zu reduzieren, was die Effizienz und Klarheit unserer Kommunikation erhöht.

- **Erstellung von Blogtexten für unsere Anwaltsseite:** KI unterstützt uns bei der Erstellung von informativen und ansprechenden Blogbeiträgen, die unsere Online-Präsenz stärken und potenzielle Mandanten anziehen.
- **Erstellung von Thumbnails für unseren YouTube-Kanal:** Wir nutzen KI, um ansprechende und professionelle Thumbnails zu erstellen, die die Aufmerksamkeit der Zuschauer auf unsere Videos lenken.
- **Automatische Zuordnung eingehender Post zu den richtigen Akten:** KI hilft uns dabei, eingehende Korrespondenz automatisch den entsprechenden Akten zuzuordnen, was die Effizienz unserer Büroabläufe erheblich verbessert.

KI und Politik

Die Politik ist ein Bereich, der oft als eher traditionell und langsam in der Adaption neuer Technologien wahrgenommen wird. Doch gerade hier kann KI einen großen Unterschied machen.
Wie kann KI politische Entscheidungsprozesse unterstützen? Welche Rolle spielt sie bei Wahlen, in der Verwaltung oder in der Gesetzgebung? Und welche ethischen Fragen ergeben sich daraus?
In diesem Kapitel tauchen wir ein in die Welt der Politik und untersuchen, wie Künstliche Intelligenz bereits heute eingesetzt wird und welche Potenziale und Risiken sie für unsere demokratischen Systeme birgt.
Aber es geht auch um die kritischen Aspekte: Wie verhindern wir Manipulation durch KI-generierte Fake News oder Deepfakes? Wie können wir Transparenz und Kontrolle sicherstellen? Dieses Kapitel lädt euch ein, über die Verantwortung von Regierungen und Bürgern im Umgang mit KI nachzudenken.

Kann KI in der Politik eingesetzt werden? Und wenn ja, wie?

Ja, KI kann in der Politik auf verschiedene Weise eingesetzt werden:

- **Analyse von Wählerverhalten:** KI kann große Mengen an Daten aus sozialen Medien, Umfragen und anderen Quellen auswerten, um Wählerpräferenzen, Trends und Stimmungen zu erkennen.
- **Optimierung von Wahlkampagnen:** Durch die Analyse von Daten kann KI helfen, Wahlkampagnen gezielt zu planen und anzupassen, um bestimmte Wählergruppen besser zu erreichen.
- **Unterstützung bei politischen Entscheidungsprozessen:** KI kann politische Entscheidungen unterstützen, indem sie Logik und große Datenmengen nutzt, um fundierte Empfehlungen zu geben.

Der Einsatz von KI in der Politik muss jedoch sorgfältig reguliert werden. Transparenz und Vorsicht sind entscheidend, um Missbrauch und Manipulation zu vermeiden.
KI sollte daher eher als Unterstützung angesehen werden, um Meinungsbilder schneller und präziser analysieren zu können, nicht als Ersatz für menschliche Entscheidungen.

Wie kann KI genutzt werden, um demokratische Prozesse zu verbessern?

KI kann helfen, Informationen besser zugänglich zu machen und Diskussionen zu fördern. Sie kann auch zur Überprüfung von Wahlprozessen eingesetzt werden, indem sie beispielsweise die Auszählung von Wahlzetteln unterstützt (Stichwort: Bild-KI)..

Kann KI eingesetzt werden, um politische Entscheidungen zu simulieren und deren Auswirkungen vorherzusagen?

Ja, das ist ein passendes Einsatzgebiet für KI. Basierend auf ihrem Training kann eine Text-KI beispielsweise Szenarien simulieren und die potenziellen Auswirkungen politischer Entscheidungen analysieren. Dies kann Politikern helfen, fundiertere Entscheidungen zu treffen.

Wie kann KI den politischen Diskurs beeinflussen?

KI kann personalisierte Inhalte liefern, die die Meinungsbildung verstärken. Dies kann zu vertieften Diskussionen führen, aber auch zur Bildung von Echokammern, in denen nur ähnliche Meinungen wiederholt werden.

Kann KI helfen, die Demokratie zu stärken?

KI kann durch bessere Informationsaufbereitung und verständlichere Erklärungen die Bürgerbeteiligung erhöhen und die Transparenz politischer Entscheidungen verbessern. Generative KI kann beispielsweise Begriffe einfacher erklären und verschiedene Sichtweisen bei Entscheidungen nachvollziehbarer darstellen. Dies kann helfen, einen Perspektivwechsel zu ermöglichen.

Wie kann KI die Demokratie fördern und gleichzeitig transparent und kontrollierbar bleiben?

Der Einsatz von KI kann die Beteiligung der Bürger an demokratischen Entscheidungen fördern, indem er schnellen Zugriff auf Informationen ermöglicht, diese effizient verdichtet und es Bürgern erleichtert, unterschiedliche Perspektiven einzunehmen. KI-Systeme wie ChatGPT können als Diskussionspartner dienen, verschiedene Standpunkte erläutern und dadurch die politische Bildung sowie das Bürgerengagement unterstützen.

Wichtig ist, dass der Einsatz von KI in der Demokratie transparent und nachvollziehbar bleibt. Maßnahmen wie der KI EU Act sind notwendig, um Kontrolle und Rechenschaftspflicht zu gewährleisten. Die Überwachung durch Menschen und Notfallmechanismen sind dabei von zentraler Bedeutung.

Ist eine KI immer unparteiisch?

Eher nein. Eine KI hat fast immer eine BIAS – vereinfacht gesagt, sind das Verhaltensmuster oder Vorurteile –, die durch die Trainingsdaten und politischen Einflüsse geprägt sind. Eine KI ist grundsätzlich nicht unparteiisch und kann bestimmte politische Tendenzen aufweisen.
Ein Beispiel ist die deutschsprachige Version von ChatGPT. Da viele Journalisten in Deutschland Parteien wie „Bündnis 90/ Die Grünen" oder die „SPD" positiver gegenüberstehen, kann es sein, dass ChatGPT, das mit öffentlich zugänglichen Artikeln trainiert wurde, diesen Parteien gegenüber positiver eingestellt ist. Entsprechend könnte die KI gegenüber anderen Parteien, die in den Trainingsdaten kritischer dargestellt wurden, eine kritischere Haltung einnehmen.

Glauben Sie, dass Deepfake eine Gefahr für die Politik ist?

Ja, Deepfakes stellen eine Gefahr dar, da die Software schwer zu regulieren ist. Jeder kann diese Programme, die meist frei verfügbar sind, aus dem Internet herunterladen und Deepfakes erstellen.
Es ist wichtig, echte von manipulierten Inhalten unterscheiden zu können. Man sollte sich bewusst machen, ob Inhalte, die verdächtig erscheinen, wirklich der Realität entsprechen.

Welche Rolle kann KI bei der Bekämpfung von Wahlbetrug spielen?

KI könnte zur Überprüfung der Auszählung von Wahlzetteln eingesetzt werden, um manuelle Auszählungen zu kontrollieren und Wahlbetrug vorzubeugen. Computersysteme können dabei helfen, die Integrität des Wahlprozesses zu sichern.

Könnte KI in der Zukunft ganze Nationen leiten?

Eher nicht. KI ist kein Wesen mit eigenen Motivationen und Zielen, sondern ein Werkzeug, das von Menschen eingesetzt wird. Allerdings gibt es bereits Unternehmen, in denen KI-Systeme genutzt werden, um Entscheidungen zu treffen. Dies könnte auch bei politischen Entscheidungen denkbar sein. Deshalb ist es wichtig, dass KI-Systeme transparent und nachvollziehbar bleiben.

Wir sehen also, dass KI zur Analyse von Wählerverhalten, zur Optimierung von Wahlkampagnen und sogar zur Simulation politischer Entscheidungen genutzt wird, bzw. genutzt werden kann.
KI kann die Demokratie fördern, indem sie Bürgern den Zugang zu Informationen erleichtert und politische Entscheidungen transparenter macht. Gleichzeitig bringt der Einsatz von KI auch Risiken wie Bias und Deepfakes mit sich, die Manipulation und falsche Informationen verbreiten können. Deshalb ist es wichtig, dass KI-Systeme transparent bleiben und kontrolliert werden, um das Vertrauen der Bürger zu bewahren.

Richtig, KI wird auch im Bereich der Politik eine wichtige Rolle spielen. Daneben ist die Politik auch gefordert uns bei der Integration und Aufnahme von KI in der Gesellschaft und der Arbeitswelt zu unterstützen.

Isi hat sich darum bemüht Informationen zu bekommen, wie die Politik in Zukunft die Integration von KI weiter vorantreiben will. Sie hat daher zwei prominente Politiker getroffen, die sich intensiv mit dem Thema KI auseinandersetzen.

Hubertus Heil
Bundestagsmitglied der SPD, Bundesminister für Arbeit und Soziales im Kabinett Scholz: Als Bundesminister für Arbeit und Soziales gestalte ich Arbeitsmarktpolitik, Rentensysteme und soziale Sicherung in Deutschland.

Was für Chancen und Risiken sehen Sie bei KIs?

KI ist aus unserem Alltag nicht mehr wegzudenken. Sicher haben einige von Euch/Ihnen schon einmal KI-Programme wie ChatGPT ausprobiert. Man spart Zeit und kann sich von der KI unterstützen lassen, zum Beispiel bei der Recherche, bei der Erstellung von Texten in anderen Sprachen oder beim Erklären von komplizierten Themen. Natürlich gibt es auch Risiken: KI kann (auch unbeabsichtigt) Menschen benachteiligen oder zur Überwachung missbraucht werden. Deshalb setze ich mich für klare Regeln zu KI ein. Außerdem sollte man die Ergebnisse immer mit einem Faktencheck kritisch überprüfen.

Wie sollten Regierungen und Politik KI-Systeme einsetzen?

Schon in wenigen Jahren wird es kaum noch ein Berufsbild geben, das ohne KI auskommt. In der Verwaltung kann der sinnvolle und sichere Einsatz von KI eine echte Arbeitserleichterung für die Beschäftigten sein. Ein gutes Beispiel ist der Arbeitsschutz auf dem Bau. Mithilfe von KI werden die Unternehmen ausgesucht, die am dringendsten beraten oder kontrolliert werden sollten, um das Unfallrisiko für die Beschäftigten auf Baustellen zu verringern und den Arbeitsschutz zu verbessern. Dadurch werden die Mitarbeiterinnen und Mitarbeiter der Unfallversicherung entlastet.

Wie wollen Sie den Einsatz von KI fördern?

Als eines der ersten Länder weltweit hat Deutschland 2018 eine Nationale Strategie zu KI verabschiedet. Wir wollen damit in Sachen KI an der Weltspitze mit dabei sein. Wir wollen KI so mitgestalten, dass sie Beschäftigte entlastet, die Wirtschaft stärkt und die Arbeitswelt für alle verbessert. Fehlendes Wissen über KI, ihre Einsatzmöglichkeiten und ihre Risiken ist oft ein Hindernis für den Einsatz der Technologie. Um das zu ändern, zeigen wir zum Beispiel in unserem Projekt „KI Studios“ Betrieben und Beschäftigten praxisnah in Workshops und anhand von interaktiven Beispielen, wie KI den Arbeitsalltag erleichtern kann.

Ronja Kemmer
CDU/CSU-Bundestagsfraktion, Bundestagsabgeordnete sowie Obfrau der Fraktion im Ausschuss für Digitales, Vorsitzende der Jungen Gruppe der Fraktion und Leiterin der Fachkommission „Humane Digitalisierung“ im Präsidium der CDU: Ich setze mich dafür ein, dass wir bei KI in Deutschland ganz vorne mit dabei sind und die Chancen der Technologie in den Vordergrund stellen.

Was für Chancen und Risiken sehen Sie bei KI?

Die Technologie bietet riesige Chancen in ganz vielen Bereichen. Wenn wir KI richtig einsetzen, können wir unsere Wirtschaft stärken, indem unsere Unternehmen wettbewerbsfähiger werden. Das sichert Arbeitsplätze in Deutschland, unseren Wohlstand und damit auch unsere sozialen Errungenschaften. Mit dem Einsatz von KI in der Bildung können wir Inklusion und Integration stärken. Wir können einen starken Beitrag zum Klimaschutz leisten. Arbeit kann kreativer werden, weil KI monotone Routine-Aufgaben übernehmen kann.

Wie sollten Regierungen und Politik KI-Systeme einsetzen?

KI kann uns helfen, einen lernenden Staat zu bauen. Konkret heißt das, dass wir KI einsetzen, um über Projektionen, die bessere Verarbeitung von großen Datenmengen, messbare Indikatoren und Echtzeitmonitoring viel schneller feststellen zu können, wo wir politisch auf dem richtigen Weg sind und wo es notwendig ist, umzusteuern und unsere Maßnahmen anzupassen. Einsetzen müssen wir KI auch in der öffentlichen Verwaltung. Mit KI bringen wir diese auf ein neues Level, was den Nutzer-Komfort für die Menschen und die Effizienz von internen Abläufen angeht.

Wie wollen Sie den Einsatz von KI fördern?

Wir müssen an die Nachwuchsförderung ran, junge Menschen für die Technologie begeistern, vor allem auch noch mehr Mädchen und junge Frauen. Es braucht bessere Bedingungen für Gründer, mehr Finanzierungsmöglichkeiten für KI-Startups. Die Kapazitäten für Hochleistungsrechnen müssen ausgebaut werden, damit innovative Ideen auch umgesetzt werden können, gerade auch, was große KI-Modelle angeht. Leider lassen wir noch zu viele Datenschätze brach liegen. Wichtig ist darum, dass wir die Datenverfügbarkeit für das Training von KI-Modellen verbessern.

KI und Schule

Die Schule ist der Ort, an dem die Grundlagen für unsere Zukunft gelegt werden. Doch wie sieht die Schule der Zukunft aus? Wird KI das Lernen revolutionieren?
In diesem besonders wichtigen Kapitel widmen wir uns der Frage, wie KI das Bildungssystem verändern kann und welche Auswirkungen das auf Schüler und Lehrer hat.
Dieses Kapitel lädt euch ein, die Möglichkeiten und Grenzen von KI in der Bildung zu entdecken und darüber nachzudenken, wie ihr selbst von diesen Entwicklungen profitieren könnt.
Also lasst uns mit euren Fragen beginnen.

Wird KI in Schulen genutzt werden?

Es ist davon auszugehen, dass KI zunehmend in Schulen eingesetzt wird. KI-Lösungen können den Unterricht unterstützen, personalisiertes Lernen ermöglichen und ggf. auch administrative Aufgaben übernehmen.
Vor allem als Tutor kann KI Schülern bei ihren Hausaufgaben helfen und den Lehrkräften mehr Zeit für die individuelle Betreuung der Schüler verschaffen.

Wie könnte künstliche Intelligenz eingesetzt werden, um den Unterrichtsprozess zu personalisieren und an die individuellen Bedürfnisse der Schüler in einem schulischen Umfeld anzupassen?

Künstliche Intelligenz kann den Unterrichtsprozess auf vielfältige Weise personalisieren:

- **Personalisierter Unterricht:** Ein KI-System kann die Lerngewohnheiten und den Lernfortschritt analysieren und das Lerntempo sowie die Inhalte entsprechend anpassen. So kann jeder Schüler in seinem eigenen Tempo und auf seinem individuellen Niveau lernen.
- **Lern-Chatbots:** Diese Systeme sind mit Kurs- und Vorlesungsunterlagen vertraut und können Fragen der Schüler beantworten sowie Inhalte erklären. Sie lernen durch die Interaktionen dazu und verbessern kontinuierlich ihre Antworten.
- **Unterstützung bei Forschungsarbeiten:** KI hilft bei der Erstellung von Forschungsfragen, der Definition von Items sowie bei der Recherche und Überprüfung von Ergebnissen.

Wie können Schüler aktuell schon KIs sinnvoll nutzen?

Schüler können KIs schon auf vielfältige Weise nutzen:

- **Text-KIs wie ChatGPT oder Copilot:** Zum Recherchieren von Fragestellungen, Beantworten von Verständnisfragen, Korrigieren von Texten, Erklären von Begriffen oder Übersetzen von Inhalten.
- **Bild-KIs wie DALL·E oder MidJourney:** Unterstützung bei der Gestaltung von Präsentationen durch die Erstellung passender und lizenzfreier Bilder.
- **Video- und Ton-KIs:** Erstellung und Bearbeitung von Videos und Audiomaterialien, beispielsweise zur Unterstützung von Projektarbeiten oder Präsentationen.

Warum sollten wir uns trotz KI noch in der Schule anstrengen?

Es ist wichtig, die Ergebnisse von KI-Systemen einordnen und hinterfragen zu können. Nur so können Schüler Fehler oder falsche Aussagen erkennen und vermeiden. Die menschliche Fähigkeit, kritisch zu denken und komplexe Probleme zu lösen, ist unersetzlich und wird durch den persönlichen Lernprozess gestärkt.
Um Inhalte richtig einzuschätzen und eigene Gedanken zu entwickeln, ist es entscheidend, das Hinterfragen und Lernen zu beherrschen. Dieses Wissen sollte in der Schule vermittelt werden.

Gibt es konkrete Schritte, um KI effektiver in Bildungssystemen zu nutzen?

Ja, es gibt Projekte und Regelungen zur sinnvollen Integration von KI in Bildungssystemen. In absehbarer Zeit (Stand 2024) wird sich zeigen, wie sich KI tatsächlich in Schulen und andere Bildungseinrichtungen integrieren lässt.

Warum kann KI keine Lehrer ersetzen?

KI kann zwar beim Lernen unterstützen, aber sie kann die menschliche Interaktion, das pädagogische Feingefühl und die individuelle Betreuung eines Lehrers nicht vollständig ersetzen. Lehrer bringen emotionale Intelligenz, Kreativität und eine persönliche Verbindung zu den Schülern ein, die für den Lernprozess essenziell sind.

Welche Vorteile bietet der Einsatz von KI in der Bildung?

KI-Systeme können in der Lehre auf vielfältige Weise eingesetzt werden. Sie ermöglichen die Anpassung von Lehrmaterialien und Lernplänen an die individuellen Bedürfnisse und den Fortschritt der Schüler. Durch automatische Bewertungen wird die Beurteilung von Aufgaben effizienter und objektiver gestaltet. Adaptive Lernplattformen fördern das Lernen im eigenen Tempo, während KI-gestützte Unterstützung hilft, komplexe Themen besser zu verstehen. Darüber hinaus entlastet KI die Lehrkräfte, indem sie administrative Aufgaben wie Anwesenheitskontrollen, Notenvergabe und Berichterstattung übernimmt und so mehr Zeit für die individuelle Betreuung schafft.

KI bietet uns also vielfältige Möglichkeiten, wie personalisiertes Lernen, adaptive Lernplattformen und Chatbots zur Unterstützung bei Hausaufgaben. Schüler können bereits Text-, Bild- und Video-KIs nutzen, um Präsentationen zu gestalten oder Recherchen durchzuführen. Doch trotz dieser Vorteile bleibt die Rolle des Lehrers unersetzlich. KI kann emotionale Intelligenz und die persönliche Verbindung, die Lehrer bieten, nicht nachahmen. Wichtig ist auch, dass Schüler lernen, kritisch mit den Ergebnissen der KI umzugehen. So bleibt der Lernprozess menschlich und fördert eigenständiges Denken.

Aber wie stehen eigentlich die Profis im Bereich von Bildung zum Thema KI? Um ein möglichst umfassendes Bild zu zeichnen, hat Isi verschiedene Pädagogen und Bildungsexperten interviewt, die sich intensiv mit dem Einsatz von KI in der Schule beschäftigen.

Prof. Dr. Michael Hissmann
Gesamtschule in Niedersachsen, Lehrer in den Fächern Mathematik, Physik und Informatik.

Wie sollte KI in Schule und Unterricht aktuell integriert werden?

Viele Schüler nutzen KI – manchmal bekommen sie gar nicht sofort mit, dass eine Antwort von KI erzeugt wird. Sie nutzen z. B. die Copilot-Funktion in Office und verstehen nicht, wie eine Antwort generiert wird. Nun ist es (leider) durchaus üblich, dass Schüler eine Frage wörtlich in irgendeine Suchmaschine tippen und die Antwort nutzen. Je weiter die Integration von KI fortschreitet, desto stärker verschwimmt die Grenze, was KI-generiert ist. Den Umgang damit muss man wohl auch erst einmal lernen.
Lehrkräfte nutzen auch KI, um Arbeitsblätter zu erstellen oder um Ideen zu bekommen, wie sie ihren Unterricht gestalten können. KI sollte in der Schule niederschwellig bereitgestellt werden, sodass alle diese nutzen können, ohne Sorgen über ihre persönlichen Daten zu haben. Gleichzeitig sollten die KI-Systeme lernen können und individuelles Wissen und Vorlieben berücksichtigen. Sie sollten so leistungsfähig wie frei im Internet verfügbare kommerzielle Systeme sein.

Wie stellst du dir KI-gestützte Bildung in 10 Jahren vor?

Durch KI verschieben sich in vielen Fächern die Anforderungen und damit das Lernen. Vermutlich wird das Schreiben von Texten weniger wertgeschätzt und spielt in der Schule eine kleinere Rolle. Dafür wird es viel mehr Zeit für den kreativen Umgang mit Sprache geben. Es wird auch

weniger wichtig, Sachinformationen und bekannte Zusammenhänge zu lernen.
Dafür wird es wichtiger, zu lernen, wie man weitreichende Zusammenhänge und abstrakte Konzepte sich verständlich machen kann. Es wird auch wichtig sein, ein Problem beurteilen zu können und die Ergebnisse einer KI angemessen zu verwenden. Es wird nur wenige Hausarbeiten geben – dagegen wird es wichtig sein, in kurzer Zeit ein Ergebnis präsentieren zu können und zu den Details weitergehendes Wissen bereitzuhalten und damit umgehen zu können. Viele Schüler werden sich selbst aussuchen können, was sie lieber lernen möchten.

Prof. Dr. Christian Spannnagel
Pädagogische Hochschule Heidelberg, Professor für Mathematik. Ich bilde dort Studierende aus, die später einmal Lehrerinnen und Lehrer für Mathematik an einer Schule werden wollen.

Wie sollte KI in Schule und Unterricht aktuell integriert werden?

KI kann auf viele Arten das Lernen und Lehren in der Schule unterstützen. So kann man sich beispielsweise etwas erklären lassen, was man im Unterricht nicht verstanden hat, oder man kann ein Gespräch mit einem Charakter aus einem Buch oder einer berühmten Person führen. Man sollte die KI aber nicht die eigenen Hausaufgaben erledigen lassen, denn so lernt man ja nichts. Stattdessen kann man die Aufgaben selbst lösen und anschließend das Ergebnis der KI geben. Die KI kann so Rückmeldung geben, was man richtig gemacht hat und wo man sich noch verbessern kann.

Wie stellst du dir KI-gestützte Bildung in 10 Jahren vor?

In 10 Jahren hat jeder Schüler und jede Schüler*in einen KI-Buddy, der rund um die Uhr beim Lernen helfen kann. Dabei kann der KI-Buddy jeden ganz individuell unterstützen. Auch Lehrerinnen und Lehrer werden von einem KI-Bot unterstützt werden, zum Beispiel bei der Planung von Unterricht oder bei der Korrektur von Klausuren. So werden alle mehr Zeit haben, um sich auf das gemeinsame Lernen zu konzentrieren.

Dr. Sven Schütt
IU Group, CEO; Sven leitet die IU Group, ein Verbund von Hochschulen mit über 130.000 Studierenden weltweit.

Wie sollte KI in Schule und Unterricht aktuell integriert werden?

Ein KI-basierter Lernbegleiter sollte jeden Schüler unterstützen, indem er zusätzliche Aufgaben und Hilfestellungen bereitstellt, um die Motivation und das Interesse zu fördern. Gleichzeitig ist es wichtig, dass Schüler lernen, wie man KI verantwortungsvoll einsetzt, damit sie die Möglichkeiten und Grenzen dieser Technologie verstehen. Dazu gehört auch das Erlernen neuer Fähigkeiten, wie das Erkennen von Fehlinformationen und die Zusammenarbeit mit KI in verschiedenen Bereichen. Da es schon jetzt das Problem gibt, dass Schüler ihre Hausaufgaben durch KI erledigen lassen und dadurch wichtige Lerneffekte verlieren, sollten sie über die negativen Folgen aufgeklärt werden. Ein KI-Lernbegleiter kann hier ebenfalls hilfreich sein, um sicherzustellen, dass die Schüler tatsächlich die erforderlichen Kompetenzen erwerben.

Wie stellst du dir KI-gestützte Bildung in 10 Jahren vor?

In 10 Jahren werden Schüler einen persönlichen Lernbegleiter haben, der ihre Umgebung wahrnimmt und sie durch ihre gesamte Bildungsreise begleitet. Dieser Begleiter wird immer den optimalen Lerninhalt, den besten Weg und die passendste Methode finden, um die Motivation zum Lernen zu maximieren. Auch die soziale Entwicklung wird berücksichtigt, indem die Lernbegleiter der Schüler miteinander kommunizieren und zusammenarbeiten, um verantwortungsvolle, glückliche und neugierige Jugendliche zu fördern. Es wird keine standardisierten Lehrpläne oder festen Bildungswege mehr geben. Lehrer werden in diesem Prozess als wichtige Bezugspersonen und Coaches eine unterstützende Rolle spielen. Dadurch kann jeder Mensch sein volles Potenzial entfalten.

Andreas Wittke
TH Lübeck, Chief AI Officer (CAIO) am Institut für interaktive Systeme; Andreas sorgt für innovative technische Lösungen im Bereich KI an der TH Lübeck.

Wie sollte KI in Schule und Unterricht aktuell integriert werden?

KI kann nur integriert werden, wenn ein datenschutzkonformer Zugang vorhanden ist und die Lehrkraft über die notwendigen Kompetenzen verfügt, was derzeit schon Herausforderung genug ist. Dann sollte aber nicht nur Prompting diskutiert und eingesetzt werden, sondern KI als Teil eines digitalen Bildungsökosystems betrachtet werden, was vor allem auch die Verwaltung betrifft. Die Schule sollte ein medienbruchfreier digitaler Lernort werden, an dem Unterricht und Verwaltung gemeinsam agieren.

Wie stellst du dir KI-gestützte Bildung in 10 Jahren vor?

In Zukunft werden Systeme wie Smartphones, Wearables, Uhren und Brillen mit KI zusammengeführt und optimiert. Über Schnittstellen werden sie je nach Bedarf mit anderen Systemen wie Moodle, Wallets oder Portfolios verbunden. Alle Daten wie z. B. jedes gesprochene Wort, jede Unterrichtsstunde (sofern noch vorhanden), Gesundheitsdaten können verarbeitet und analysiert werden und ermöglichen personalisierte Lernangebote, die durch Bots und VR/AR unterstützt werden können. Analoge Lernorte ergänzen das System, vermitteln aber andere Kompetenzen wie Teamfähigkeit, Kommunikation etc.

Markus Jung
Fernstudienexperte, Autor, Bildungsjournalist und Mitglied im Deutschen Fachjournalisten-Verband, Mensch; Solo-Selbstständiger mit Fernstudium-Infos.de Markus Jung e. K. Ich betreue eine Web-Community und einen YouTube-Kanal zum Thema Fernstudium.

Wie sollte KI in Schule und Unterricht aktuell integriert werden?

Aus meiner Sicht ist es wichtig, dass die Schüler:innen KI selbst ausprobieren können. Dies allerdings nicht isoliert in einem Fach wie Informatik, sondern integriert in andere Fächer. Zum Beispiel Textanalysen in Deutsch, Lösung von Gleichungen in Mathematik oder auch die Erstellung von Bildern im Kunstunterricht. Noch wichtiger ist es, dass dieser Prozess durch die Lehrkräfte kritisch begleitet wird, um Gefahren deutlich zu machen und zu zeigen, wo der Mehrwert menschlicher Intelligenz liegt.

Wie stellst du dir KI-gestützte Bildung in 10 Jahren vor?

In zehn Jahren wird die Integration von KI für uns so selbstverständlich sein wie heute die Nutzung von Suchmaschinen für Recherchen oder die Verwendung eines Taschenrechners im Matheunterricht. Die KI sehe ich hier als Assistenz ebenso wie als Lern-Buddy. Auch die Lehrpersonen werden KI-Tools nutzen, um den Unterricht vorzubereiten und anzureichern. Die Kontrolle über das, was im Klassenzimmer passiert, werden auch in 10 Jahren noch Lehrer:innen haben.

Da es hier um die Fragen von euch Schülern geht, wollen wir natürlich auch eure Perspektive berücksichtigen. Isi hat sich daher auf den Weg gemacht und zwei Schüler interviewt. Mateo und Emmanuel. Hier ein paar Infos zu den beiden: Mateo besucht die Neue Schule Hamburg (NSH). Die NSH fördert selbstbestimmtes Lernen ohne feste Klassen oder Stundenpläne. Die Schüler entscheiden eigenständig über ihre Lerninhalte und organisieren sich demokratisch in wöchentlichen Versammlungen. Der Fokus liegt auf Freiheit, Eigenverantwortung und sozialer Mitbestimmung.

Emmanuel geht auf die Elisabeth-Belling-Gesamtschule (EBG) in Hameln, eine integrierte Gesamtschule, die Schüler von der 5. bis zur 13. Klasse unterrichtet. Die EBG legt großen Wert auf ein unterstützendes und motivierendes Lernumfeld, in dem jeder Einzelne gefördert und respektiert wird. Die Schule verfolgt das Leitbild „Miteinander und voneinander lernen“.

Mateo
13 Jahre
Schüler, Neue Schule Hamburg.

Wie sollte KI in Schule und Unterricht aktuell integriert werden?

Ich halte es für sinnvoll KI als Hilfestellung beim Lernen und für Berichtigungen einzusetzen. Als Schüler muss man dann selbst verantworten, dass man die Lösung nicht einfach abschreibt, sondern auch versteht.
Ich gehe auf eine Sudbury School, da ist es alles ein wenig anders als auf einer Regelschule. Ich kann mir vorstellen, dass andere Schulen Probleme mit Betrug durch KI haben, z.B. bei Hausaufgaben, Berichtigungen usw.
Bei uns gibt es keine Hausaufgaben und da bei uns bis zu den Abschlüssen keine Noten und keinen Lernzwang gibt, bringt es auch nichts mit KI zu cheaten. Da würde man sich nur selbst beschummeln.
Ich glaube nicht, dass man eine KI mit einem Taschenrechner vergleichen kann, der ja teilweise in Prüfungen verwendet werden darf. Auch mit einem Taschenrechner muss man Mathe verstanden haben. Ich finde deshalb nicht, dass der Einsatz der KI in Prüfungen erlaubt sein sollte. Und ganz bestimmt muss man jetzt nicht noch im

Unterricht lernen, wie man die KI benutzt, das kann jeder auch so (lernen; A. d. H.).
Wir können selbst bestimmen, welche Themen wir in der Schule lernen wollen. Da ist es mit der KI toll, dass man sich noch mehr Fächer aussuchen kann. Wenn ich zum Beispiel eine Programmiersprache lernen möchte, muss ich nicht eine lernen, die der Lehrer kann, sondern kann irgendeine nehmen und ChatGPT erklärt mir wie es funktioniert. Oder wenn ich wissen will, wie man ein Drehbuch schreibt, kann mir ich die KI befragen, oder ich kann tiefer bei Gentechnik einsteigen, tiefer als der Lehrer Ahnung hat.

Wie stellst du dir KI-gestützte Bildung in 10 Jahren vor?

Bei uns an der Schule gibt es keine Lehrer sondern nur Mitarbeiter:innen, die einem helfen zu lernen, Konflikte zu lösen und einem motivieren. Ich denke, dass auch an anderen Schulen sich die Lehrer:innen eher in diese Richtung entwickeln werden. Die Aufgabe wird weniger das Eintrichtern von Lernstoff sein, sondern mehr Schüler:innen wirklich zu helfen.
Bei uns an der Schule gibt es schon jetzt weniger Lehrer als an anderen Schulen, weil mehr selbstständig gelernt wird und auch ältere Schüler den jüngeren etwas beibringen können. Da kann ich mir auch vorstellen, dass an anderen Schulen, wenn die KI als Hilfe vorhanden ist, auch mit weniger Lehrern mehr erreicht werden kann.
Natürlich hoffe ich, dass es weiterhin menschliche Lehrer:innen gibt. Ich finde es einfach besser mit einer menschlichen Person zu kommunizieren als mit einem Roboter.
Wobei das fachliche wird ganz bestimmt aus der KI kommen und das menschliche von den Mitarbeiter:innen der Schule. Wobei im besten Fall müssen wir vielleicht gar nicht mehr lernen, wenn wir einfach über Neuralink alles hochladen können.

Emmanuel
16 Jahre
Schüler, Elisabeth-Belling-Gesamtschule.

Wie sollte KI in Schule und Unterricht aktuell integriert werden?

Der beste Weg, der mir jetzt einfällt, um KI in die Schule und in alle Fächer zu integrieren, ist, dass die Schule sowohl den Schülern als auch den Lehrern zunächst bestimmte Kompetenzen für den Umgang mit KI vermittelt.
Mit einem gut strukturierten Lehrplan sollen den Schülern und Lehrern kritisches Denken, Medienkompetenz und Informationskompetenz beigebracht werden, damit der spätere Umgang mit KI in anderen Fächern einfacher und besser wird. Kritisches Denken bedeutet für mich die Fähigkeit, die Ergebnisse der KI zu hinterfragen. Medienkompetenz umfasst den Umgang mit Programmen, und Informationskompetenz bedeutet, wie ich mehrere Programme gleichzeitig nutzen kann, um an Informationen zu gelangen.

Wie stellst du dir KI-gestützte Bildung in 10 Jahren vor?

Studenten, Auszubildenden usw. wird es in Zukunft deutlich einfacher als jetzt ergehen, wenn man die kontinuierliche Entwicklung der KI in Betracht zieht. Schon jetzt ist KI eine große Hilfe für Menschen, die zum Beispiel Sprachen, Mathematik oder andere Themen erlernen wollen.

KI in der Zukunft

Puh, das war echt eine Menge Infos, oder? Fühlt sich fast an wie eine halbe Vorlesung! Haben wir jetzt alle Fragen geklärt, oder gibt's noch was?

Naja, so ganz verstanden haben wir immer noch nicht, wie sich die KI in der Zukunft entwickeln könnte ... Das bleibt irgendwie nebulös.

Ja, das ist auch echt keine einfache Frage. Da zerbrechen sich gerade die klügsten Köpfe den Kopf drüber.

Echt? Wir dachten immer, Professoren wüssten alles und hätten auf alles eine Antwort parat!

Ha! Das wäre schön. Na gut, ich werde mal ein bisschen forschen und schauen, ob ich da noch was herausfinde – auch wenn meine Stromrechnung danach wahrscheinlich wieder explodiert.

Also ging ich runter in den Keller ...

um die Zeitmaschine zu starten ...

Beim Starten musste ich an das letzte Mal denken: Die Stadtwerke waren immer noch nicht ganz über den kleinen Stromausreißer hinweg ...

Ich hoffte, dass der Everett-III-Kompass die richtige Richtung findet und der Linden-Selektor mich in die passende Parallelwelt schickt. Bisher ging alles gut.

Zur selben Zeit, im hier und jetzt, überlastete sich ganz leicht das Stromnetz…

Angekommen im Jahr 2080 begab ich mich auf die Suche nach der Bibliothek.

Ah, lieber Knut, willkommen. Willkommen bei uns in deiner Zukunft. Du wirst nicht glauben, was dich und deine Zeit noch erwartet – zumindest, falls es tatsächlich so kommt wie bei uns. Man weiß das nie so genau. Nun denn, du hast diese Reise sicher nicht ohne Grund angetreten. Was kann ich für dich tun?

Moin Miloš. Stabil, dass du Zeit für mich hast. Das war nicht absehbar. Klasse, dass ihr auch noch Bibliotheken habt! Dank meiner Zeitmaschine bin ich jetzt bei dir gelandet. Ich würde dir gerne ein paar Fragen zur zukünftigen Entwicklung von KI stellen, da ich in meiner Gegenwart leider nicht alle Fragen von interessierten Schülerinnen und Schüler beantworten konnte.

Dr. Miloš Jovanović
Gruppenleiter & Head of Unit „Technology Foresight and University Hub" (TFU), Fraunhofer INT.
Miloš und sein Team beschäftigen sich damit, warum die Zukunft nicht vorhersehbar ist. Klassische Methoden wie Kristallkugeln, Kaffeesatzlesen und Tarotkarten haben versagt. Stattdessen analysieren sie durch Recherche und den Austausch mit Fachexperten die Gegenwart und Vergangenheit, um daraus Informationen zu gewinnen, die eine Vorstellung der möglichen Zukunft erlauben.

Wie hat sich die KI entwickelt und durchgesetzt?

Also, es geht dir um das Thema KI. Natürlich spannend! Ich dachte, du wärst wegen etwas ganz anderem hier ... Nun, sei's drum. KI, Künstliche Intelligenz. Aus welchem Jahr kommst du? 2024? Da habt ihr KI schon ganz viel genutz. Damals habt ihr noch gegoogelt – wie albern das heute klingt – und gewikipediat.
Moment, hat man das so gesagt? Das ist schon so lange her. Jedenfalls war es interessant zu beobachten, wie sich KI in viele Alltagsbereiche eingeschlichen hat – auch wenn es nicht immer

wirklich um KI ging. Der Begriff „KI“ wurde zum Buzzword, wo man vorher einfach „Computer“ oder „Algorithmus“ sagte. Ähnlich wie „Topolsos“ kurz davor. Hm? Davon hast du noch nie gehört? Entschuldige, dann kommt das erst noch. Microsoft, Google, Facebook – alle großen Techfirmen überboten sich damals mit KI-Tools. IBM hatte das einige Jahre vorher bereits versucht, doch es zündete nicht richtig. Erst mit den Chatbots, also ChatGPT, Gemini und Co., wurde KI wirklich populär. Plötzlich konnte man überall mit Programmen chatten, sogar mit Word, Excel und PowerPoint. Man konnte den Programmen sagen, was sie tun sollten, oder sie agierten ganz eigenständig. KI wurde so verbreitet wie damals das Googlen. Bald konnte KI auch Bilder, Videos und Musik generieren. Kaum eine Präsentation, in der man nicht plötzlich mit epischen Bildern mit zu vielen Fingern konfrontiert wurde. Eine spannende Zeit. Tja und heute? KIen (KI-en) ist so natürlich wie Googlen damals. Es gab selbstverständlich auch Widerstand: Viele argumentierten, KI könne nie echten, menschlichen Content ersetzen. Doch wie schon in der Industrialisierung setzten sich die effizienteren Lösungen durch. KI-Content war schnell, günstig und qualitativ gut. Natürlich hat sich auch HCC (Human-Created-Content) als Nische gehalten, ähnlich wie Vinyl-Schallplatten, aber die breite Masse wurde von KI unterstützt oder ersetzt.

Wie hat man in der Zukunft KI genutzt?

Tja, wie mit allen neuen, großartigen Spielzeugen wurde KI mit Begeisterung und Neugier in allen möglichen Bereichen ausprobiert. Kurz darauf folgten jedoch auch weniger schöne Anwendungen – etwa, um Computerviren effizienter zu programmieren oder Spam-Mails schneller und gezielter zu verschicken. Allerdings stand KI beiden Seiten zur Verfügung, sodass es einigermaßen fair blieb.

KI ist am Ende eigentlich auch nur ein Werkzeug, wie ein Hammer. Damit kann man Nägel in die Wand hauen und ein schönes Bild aufhängen, oder man kann jemandem auf die Finger hauen und ihm damit weh tun. Da kommt es dann nicht auf den Hammer, sondern auf den Menschen an, in dessen Hand der Hammer liegt.
Aber was uns allen die KI gebracht hat, ist schon wunderbar und gleichzeitig auch schlecht gewesen. Viele nervige Aufgaben im Büro konnten durch die KI vereinfacht werden und mussten somit nicht mehr von Menschen gemacht werden. Wunderbar! Und gleichzeitig auch schlecht, denn damit fielen auch so manche Arbeitsplätze dem Fortschritt zum Opfer.
Seit der Industrialisierung haben Maschinen Menschen ersetzt. Mit KI traf es jedoch auch Berufe wie Informatiker, Analysten oder Journalisten. Das fanden viele nicht gut. Doch ähnlich wie die industrielle Massenanfertigung von Produkten setzte sich KI-Content durch.
Mit KI konnte man sehr effizienter mehr Content auf einem guten Niveau produzieren als ohne KI. Klar, auf der anderen Seite hat sich auch Human-Only Content (HOC) etabliert.
So ähnlich wie Lebensmittelmanufakturen, die zu deiner Zeit ebenfalls eine gewisse Beliebtheit hatten. Damals konnte ich mir ein günstiges Brot von guter Qualität aus der Brotfabrik kaufen oder halt das handgemachte, dass entsprechend teurer ist. So ist das auch heute bei KI und HOC.
Heute stellt KI-Content den Großteil des Contents dar. Auch weil die neuen Streaming-Dienste der letzten Jahre dazu übergegangen sind den Zuschauern die Möglichkeit zu geben ihre eigenen Filme und Serien zu erstellen. So konnte sich jeder Filme aus einem bestimmten Bereich, mit bestimmten Schauspielern und an bestimmten Orten, erstellen lassen.

Ein Film im Stile von „Herr der Ringe“, mit Schauspielern aus den 1950er Jahren auf der Enterprise? Kein Problem, machen wir:

Davor gab es jahrelange Verhandlungen und Gerichtsverfahren mit Rechteinhabern. Heute sind die meisten Dinge geklärt: Menschen können sogar Geld verdienen, wenn andere ihre Werke ansehen, die sie mit KI generiert haben. Hier ist der Mensch immer noch der beste Content- und Ideen-Creator. Das ist wie euer YouTube von damals, nur auf KI-Steroiden.

Wie sieht die Welt mit KI aus?

Das wird dich vielleicht überraschen, nach allem, was ich dir über die Zukunft erzählt habe: Tatsächlich sieht die Welt mit KI gar nicht so anders aus. Seit Computer schnell genug sind, einfache Videogenerierungs-KI in Echtzeit laufen zu lassen, weiß man oft nicht mehr, ob man in einem Video-Call wirklich die Person sieht, die man zu sehen glaubt. Ach ja, bei euch dauert das mit den Computern nicht mehr lange...
Aber zurück zum Video-Call: Ich kann mir heute einen Avatar oder eigentlich jede Person aussuchen und mein eigenes Bild im Video-Call ändern und mich so als jemand Fremdes ausgeben. Klar, es gibt Erkennungssoftware, Wasserzeichen und so etwas. Das funktioniert auch gut, aber perfekt ist die Software immer noch nicht. Das Ganze hinterlässt ein gewisses Unbehagen, vielleicht so ähnlich wie zu deiner Zeit das Online-Banking. Das hat für die große Mehrheit auch immer funktioniert, auch wenn man wusste, dass es immer wieder zu Fällen von Betrug oder Hacking kam. So ähnlich ist das heute mit der virtuellen Kommunikation: Ist das wirklich meine Oma auf der anderen Seite oder jemand anders? Ganz gruselig wird es, wenn das in der virtuellen Realität passiert. Aber ich schweife ab.

Diese Unsicherheit hat dazu geführt, dass persönliche Kommunikation wieder an Wert gewonnen hat. Viele treffen sich wieder lieber real. Eine sehr positive Entwicklung! Außer man hat sich eine künstliche Linse ins Auge einbauen lassen, dann geht es auch anders, aber auch das ist ein anderes Thema.
Ansonsten ist KI in den meisten digitalen Produkten integriert und die meiste Unterhaltung wird von KI erzeugt. Es hat großartige wissenschaftliche Erkenntnisse gegeben, die durch KI stark beschleunigt wurden.
Aber am Ende ist das für mich so ähnlich wie die Fortschritte in anderen Bereichen vor deiner Zeit. Als der Computer aufkam, ging auch vieles schneller und besser und man konnte Dinge machen, die vorher noch nicht machbar waren.
So ähnlich ist das heute mit der KI. Und was auch ähnlich geblieben ist: Es gab und gibt immer noch die Menschen, welche sagen die KI wird die Weltherrschaft übernehmen (oder hat das schon getan). Es gibt sogar KI-Echsenmenschen inzwischen. Manche Dinge ändern sich halt nie.
Und wenn du noch weitere Fragen hast, z. B. wie sich die Robotik dank KI weiterentwickeln wird – denk an die 1.21 Gigawatt und dann reist du einfach wieder zurück in die Zukunft.

Finis

Ende

The End

Fin

Son

النهاية

Конец

Kraj

Koniec

Dîsa din

Sfârșit

Край

...

Bildrechte

S. 16 Ute Schmid – Jürgen Schabel
S. 23 Simone Lis – Delia Woehlert Photography
S. 35 Sabine Pfeiffer – FAU / Thomas Riese
S. 39 Simon Gottheil – mindsquare AG
S. 40 Rhys Noelke – Bertelsmann SE & Co. KGaA
S. 59 Christian Solmeke – WBS / Tim Hufnagl
S. 67 Hubertus Heil – BMAS / Dominik Butzmann
S. 76 Sven Schütt – IU International Hochschule

Danke an

Die Interviewgäste:

- Andreas Bufe, Dr. Andreas Kohne, Andreas Wittke, Christian Solmecke, Christian Spannnagel, Emmanuel, Felix Beilharz, Hubertus Heil, Jörg Engelhardt, Markus Jung, Mateo, Michael Hissmann, Miloš Jovanović, Piotr Dawidowicz, Rhys Noelke, Ronja Kemmer, Sabine Pfeiffer, Simon Gottheil, Simone Lis und Sven Schütt

Die Interviews wurden unterstützt und ermöglicht von:

- Ann Christin Becker, Andreas Bufe, Christoph Mohn, Matthias Ritter, Christoph Wicher und Maik Zarandi

Und insbesondere an:

- Isi, für deine inspirierende Zusammenarbeit und all die kreativen Ideen.
- Ihren Vater Andreas Bufe, für seine beständige Unterstützung und Förderung.
- Dipl.-Grafikdesigner Philipp Paulsen – Für das brillante Layout, das dieses Buch so einzigartig macht.
- An Mareike, Pascal und Patrizia für ihre Bilder, die als Basis für die Avatare dienten.
- An Bjarne Holzapfel, Dominik Walter, Farshad Tabrizi und Lukas Schreiber für ihre Teilnahme am Prototyping und ihre Mitarbeit an den Avataren.

Notizen